Julius Köstlin

Friedrich der Weise und die Schlosskirche zu Wittenberg

Festschrift

zur Einweihung der Wittenberger Schlosskirche am Tage des Reformationsfestes,

den 31. Oktober 1892

Julius Köstlin

Friedrich der Weise und die Schlosskirche zu Wittenberg Festschrift
*zur Einweihung der Wittenberger Schlosskirche am Tage des Reformationsfestes,
den 31. Oktober 1892*

ISBN/EAN: 9783743431386

Hergestellt in Europa, USA, Kanada, Australien, Japan

Cover: Foto ©ninafisch / pixelio.de

Julius Köstlin

Friedrich der Weise und die Schlosskirche zu Wittenberg

Festschrift

·CHRISTO · SACRVM ·
·ILLE· DEI VERBO·MAGNA PIETATE·FAVEBAT·
·PERPETVA·DIGNVS·POSTERITATE·COLI·

·D·FRIDR·DVCI·SAXON·S·R·IMP·
·ARCHIM·ELECTORI·
·ALBERTVS·DVRER·NVR·FACIEBAT·
·B·M·F·V·V·
·M · D · XXIIII ·

Friedrich der Weise.
Nach Dürers Kupferstich v. J. 1524 (vgl. S. 103).

Friedrich der Weise

und die

Schloßkirche zu Wittenberg.

Festschrift

zur

Einweihung der Wittenberger Schloßkirche

am

Tage des Reformationsfestes, den 31. Oktober 1892

von

D. Julius Köstlin.

Wittenberg 1892

R. Herrosé's Verlag

(H. Herrosé).

Nachdem Wittenbergs Schloßkirche im Jahre 1817 aus den schweren Verwüstungen des Krieges durch die treue Hand ihres neuen proteſtantiſchen Landesherrn neu erſtanden und am 31. Oktober, am großen Jubeltage der Refor= mation, durch eben dieſen Herrſcher, König Friedrich Wilhelm III., als Gotteshaus des an die Stelle der alten Univerſität getretenen Predigerſeminars feierlich eröffnet worden war, da ſang am folgenden Neujahrstage Karl Immanuel Nitzſch, der jüngſte und bedeutendſte unter den letzten Lehrern der vormaligen Hochſchule, damals Lehrer des Seminars und Prediger, der nachmalige Bonner und Berliner Theolog, in einem Feſtlied alſo:

> „Kennt ihr das Haus? Ein Rudolf baut es klein,
> Ein weiſer Friedrich führt' es in die Höhe,
> Der Zeuge macht's vom falſchen Weſen rein;
> Daß es zum Dank für reine Lehre ſtehe,
> Iſt es durch Lutherslieb' in allen Landen
> Von jedem Falle neu und ſchön erſtanden."

Mit neuen Reichtümern geſchmückt ſoll uns jetzt dieſes Haus wieder die altberühmten Thore öffnen, eine hell leuch= tende Gedächtnisſtätte für jenen Gotteszeugen Luther und alle seine Mitarbeiter und Genossen, ein laut redendes Denkmal des Dankes für das reine Evangelium, das durch jene Männer der Christenheit und vor Allem uns Deutschen, hoch und niedrig, mit seinen ewigen Schätzen wieder erschlossen worden ist. Und auch unser Blick wendet sich da zugleich auf jene Anfänge des Hauses zurück, zusammenschauend was es war und was es geworden ist durch Gottes Fügung.

Eingang: Die Stiftung Herzog Rudolfs.

Rudolf I., Herzog von Sachsen, aus dem Geschlechte der Askanier, erklärt feierlich in einer Stiftungsurkunde vom Matthiastage, dem 25. Februar 1353: Entsprechend dem frommen Wunsche seiner entschlafenen Gemahlin Kunigunde, einer polnischen Königstochter, und in Uebereinstimmung mit seinen Söhnen habe er zu Ehren des allmächtigen Gottes und der glorreichen Gottesgebärerin Maria an seiner Residenz Wittenberg eine Kapelle mit allen erforderlichen Mitteln und Einkünften fundiert und sie weihen lassen allen Heiligen zu Ehren. Er setzte für sie ein wohldotiertes Kollegium von sechs Stiftsherren mit einem Kaplan und sechs Unterkaplanen ein. Hier sollte laut jener Urkunde regelmäßiger Gottesdienst geübt, das Leben der kirchlichen Diener fromm geregelt, den Heiligen und namentlich ihren Reliquien Verehrung dargebracht, dem Seelenheil des Herzogs, seiner Vorgänger und Nachfolger durch Gebet und Meßopfer gedient werden. Damit die Stiftung beständig Kraft behalte und

keiner der Nachfolger irgend etwas am Ganzen oder an
einem Stück ändern oder abthun könne, wurde die Urkunde auch vom erstgebornen gleichnamigen Sohne Ru-
dolfs, vom Fürsten Albert von Anhalt, von drei hohen
sächsischen Adligen und von den Städten Aken, Wittenberg
und Herzberg mit ihren Siegeln bekräftigt. Rudolf II., der
seinem Vater drei Jahre nachher in der Regierung folgte,
bereicherte die Stiftung noch weiter mit Renten, Grund-
stücken, dem Einkommen von Dörfern u. s. w.

Das Gebäude selbst, welchem die Stiftung galt, hatte
schon vorher bestanden, ohne daß wir sicher bestimmen
könnten, wann es zuerst aufgebaut und wie weit es damals
umgebaut wurde. Es nahm nur etwa ein Viertel unserer
gegenwärtigen Kirche ein.

Das Stift finden wir schon sieben Jahre vor jener
Urkunde im Bestand. Schon damals, im Jahre 1346,
hatte Rudolf zwei Bullen zu Gunsten desselben vom Papst
Clemens VI. erlangt. Sie sind datiert aus der damaligen
Residenz des Papstes, Avignon, vom 6. Mai (2 Non. Maj.)
im vierten Jahr seines Pontifikates, d. h. da dieses sich
vom 19. Mai 1342 an datiert, im Jahre 1346.

Um der tiefsten frommen Ergebenheit willen, durch
welche sein geliebter Sohn Rudolf Gott, ihm und der
römischen Kirche gegenüber sich auszeichne, will Clemens,
wie er hier sagt, seinen frommen Wünschen in dieser Bulle
entsprechen. Und nun bezeichnet er die Absicht, welche der
Herzog bei seiner kirchlichen Stiftung hege, also: Kapelle
und Stift sollen dienen zu Preis und Ehre unseres Herrn

Jefu Chrifti, zur Aufbewahrung eines Dornes von der einft auf Chrifti hochheiliges Haupt gedrückten Dornenkrone, welchen vor Kurzem (dudum) des Papftes fehr geliebter Sohn Philipp, der erlauchte König der Franzofen, dem Herzog gefchenkt habe, und zur Verehrung des heiligen Wenzel's und der anderen Heiligen.

Als Hauptkleinod und Heiligtum der Stiftskirche Aller Heiligen zu Wittenberg galt fo von Anfang an jener Dorn. Nach einer Befchreibung ihrer Heiligtümer aus dem Jahre 1509, von der wir nachher noch weiter zu reden haben, befand fich damals in der Reliquienfammlung ein filbernes, übergoldetes Bild eines Königs in ganzer Geftalt mit einer Monftranz in der Hand, worin der Dorn geborgen war. Und die Einleitung des Buches beginnt mit dem Berichte: Nachdem Herzog Rudolf bei König Philipp von Frankreich fich folcher männlicher und redlicher Thaten in Hauptkriegen und Feldfchlachten erzeigt, daß er unter anderen königlichen Belohnungen die fondergroße Gabe eines heiligen Dorns, der einft des Erlöfers Haupt verwundet, mit einem goldenen Bild eines Königs und famt einer befchriebenen Hiftorie, die man jährlich davon fingt, erlangt und verdient habe, fo habe der genannte Fürft jene Kirche an feinem Schloß und Hoflager mit Begabung ewiger Rente u. f. w. auf- gerichtet.

Der Wert, welchen ein folcher Dorn auch für eine wahrhaft innige und lautere Frömmigkeit jener Tage hatte, bedarf keiner weiteren Bemerkung. Schon im folgenden Jahr, 1347, wurden auch gewiffe Abläffe denen zugefichert,

welche um den Altar, wo der Dorn aufbewahrt sei, an bestimmten Tagen andächtig herumgehen.

Wie aber mag sich's mit der Gabe des französischen
Königs an den deutschen Reichsfürsten verhalten? wie mit
den kriegerischen Diensten, welche dieser dem fremden Herrscher
geleistet? die Angabe jenes Buches gestaltet sich in der weiteren
Ueberlieferung dahin, daß Herzog Rudolf (nach Anderen
wenigstens sein Sohn Rudolf) an den Kämpfen Philipp's VI.
von Frankreich mit Eduard III. von England teilgenommen
habe, und so namentlich auch an der großen für Philipp
so unheilvollen Schlacht bei Crecy am 26. August 1346.
Das berichtet z. B. eine Schrift auf Pergament, durch
Melanchthon abgefaßt, welche 1558 im Knopfe des neben
der Kirche stehenden, damals neuhergestellten Thurmes
niedergelegt wurde. In der That haben dort mitgekämpft
die deutschen Fürsten König Johann von Böhmen, der in
jener Niederlage sein Ende fand, und sein Sohn Karl, der
nachmalige deutsche Kaiser Karl IV. Karl war sieben Wochen
zuvor, nachdem Papst Clemens den deutschen Kaiser Ludwig
mit dem Bann belegt und die Kurfürsten zur Wahl eines
neuen Reichshauptes aufgefordert hatte, durch fünf Fürsten
wirklich dazu erwählt worden, hatte aber, von der Mehrzahl der Fürsten und von den Reichsstädten zurückgewiesen,
mit seinem Vater das Feld geräumt. Unter jenen fünf war
neben drei geistlichen Kurfürsten und König Johann der
Herzog Rudolf. Sollte er auch den Zug nach Frankreich
mitgemacht haben, oder wenigstens seinen Sohn und Erben
dorthin gesandt? Doch es fehlt uns an jedem älteren Bericht

und Zeugnis darüber, und eine Teilnahme speziell an der Schlacht bei Crecy könnte, wenn jenes Datum der päpstlichen Stiftungsbulle richtig ist, auf keinen Fall erst den Anlaß zur Schenkung des Dornes gegeben haben. Immerhin erinnert das, was wir über Rudolf's Stellung zu Karl, Philipp und Clemens wissen, an unselige Zustände, in welchen damals die deutsche Nation und das deutsche Reich befangen war.

Es ist ein kurzer und doch bedeutsamer Blick ins religiöse und kirchliche Leben unserer Vorfahren und auch in unsere vaterländische Geschichte, welchen so die Anfänge der Wittenberger Schloß- und Stiftskirche uns gewähren.

Friedrich der Weise mit seiner Schloßkirche vor Luthers Auftreten.

Gerne werden wir dem gegenüber länger und eigens bei Friedrich und bei der Kirche, wie sie durch ihn geworden ist, verweilen. Ihn nennen ja wir evangelischen Deutschen den unsrigen; unter ihm und durch ihn ist dieses Gotteshaus ein evangelisches geworden. Zunächst indessen läßt uns die wirkliche Geschichte hiervon gerade noch Nichts erkennen. Sie zeigt uns vielmehr im Kurfürsten Friedrich dem Weisen noch einen guten Deutschen von alter Frömmigkeit, in seiner Ausstattung der Schloßkirche vollends den größten Fortschritt zu derjenigen Heiligkeit und Herrlichkeit, auf welche von ihren Anfängen an der kostbare heilige Dorn hinwies. Unser größtes Interesse muß diejenige Wendung

Friedrich der Weise und sein Bruder Johann.
Aus dem Wittenberger Heiligtumsbuch v. J. 1509 (vgl. unten S. 18).

in Anspruch nehmen, welche erst durch jenen „Zeugen" in
Friedrich's Innerem und so dann auch für das ihm theure
Heiligtum herbeigeführt wurde.

Man sieht als Boten und Kinder unserer Neuzeit oft
kurzweg die Humanisten an, in welchen der freie Geist alter
klassischer Bildung, Wissenschaft und Kunst wieder auf=
gelebt sei und sie auch die unwürdigen Bande des mittel=
alterlichen Kirchentums und religiösen Bannes habe sprengen
lassen. Und hochangesehene Humanisten haben auch unseren
Friedrich wie einen der Ihrigen, oder wenigstens wie einen
ihnen gleichgesinnten Gönner verherrlicht. Konrad Celtes,
damals einer der hervorragendsten unter ihnen, rühmte seine
Freude an alten und neuen Dichtern und Rednern, dazu
sein Interesse für alle Gebiete der Wissenschaft, Loban
Heß seine Hochschätzung der Musen auch in einer Zeit, wo
diese von den Meisten verachtet seien. Christoph Scheurl,
der humanistisch gebildete Jurist, Landsmann und Freund
des Nürnberger Humanisten Willibald Pirkheimer, hatte,
während er die Liebe des Maecenas Friedrich zu den schönen
Künsten und freien Wissenschaften und auch die eigene Ge=
lehrsamkeit desselben mit übertriebener Rhetorik pries, doch
darin gewiß Recht, daß Friedrich in dieser Hinsicht unter
den deutschen Fürsten beim Eingang in's neue Jahrhundert
die erste Stelle eingenommen habe.

Friedrich, im Jahre 1463 geboren, hatte schon als Knabe,
während er frühe in die gewöhnlichen ritterlichen Uebungen
eingeführt wurde, zugleich eine Schulbildung, wie sie da=
mals bei seinesgleichen selten war, in Grimma bei der

dortigen Domschule erhalten. Georg Spalatin, der ihn in
dieser Beziehung am besten kennen mußte, bezeugt ihm:
„Sein kurfürstl. Gnaden haben, wiewohl nicht gern Latein
geredt, doch gut Latein fast wohl verstanden, zuweilen
auch Latein geredet." Er habe, sagt Spalatin, auch aus
Terenz, Cato und anderen Büchern, die er in der Jugend
getrieben, viel guter Sprüche behalten. Als Fürst trat er
in freundschaftliche Beziehung zu Erasmus, dem gefeierten
Führer der neuen Bildung mit weitem, freiem Geiste, und
zu dem seit dem Jahre 1503 in Gotha wohnhaften Mutian,
um den ein ergebener Kreis deutscher Schüler und Verehrer sich sammelte. Den diesem Kreise zugehörigen Spalatin
nahm er auf Mutians Empfehlung zum Erzieher des Kur-
prinzen, seines Neffen, und nachher zu seinem eigenen Hof-
prediger und Sekretär an. An der 1502 von ihm ge-
stifteten Universität Wittenberg wurde erster Rektor Martin
Pollich, anfänglich Mediziner und Friedrich's Arzt, jetzt ein
Theologe, der vom humanistischen Standpunkte aus den
modernen Scholastikern Schläge zu versetzen liebte.

Aber mit dem Sinn und Interesse für jene neuaufge-
gehende Wissenschaft und Bildung war die freie oder auch
nur relativ freiere Stellung zum überlieferten religiösen
Glauben und Kirchentum keineswegs allgemein verbunden;
es war namentlich bei den Deutschen nur in sehr beschränktem
Umfang der Fall. Für seine Universität gewann Friedrich
in ihrem zweiten Jahre den berühmten Juristen Petrus
von Ravenna, der den Humanisten befreundet war und für
einen Mann freien Geistes galt; derselbe trug aber doch

gleich in seiner feierlichen Antrittsrede die extremsten Grund=
sätze über die Macht des päpstlichen Stuhles, seine Er=
habenheit über Kirche und Concilien, seine Vollmacht, auch
Kaiser und Könige abzusetzen, den Mitgliedern und Patronen
der Hochschule vor. Männer wie Scheurl und Pirkheimer,
auch jener ganz der Atmosphäre des Altertums zugekehrte
Mutian sind doch der evangelischen Reformation, als diese
ernstlich und kampfbereit auftrat, mutlos und unmutig ferne
geblieben. Und es war keineswegs blos eine ängstliche Scheu
vor schweren Kämpfen in Verbindung mit religiöser Gleich=
giltigkeit, was Freunde der neuen Bildung doch dort zurück=
hielt. Bei sehr Vielen waren es vielmehr die Bande einer
lauteren gewissenhaften Frömmigkeit, der es bange wurde
um den Verlust der überlieferten Grundlagen, auf welchen
sie erwachsen zu sein sich bewußt war. Traten doch in
unserem Volke damals neben aller kirchlichen Verderbnis
eben auf jenen Grundlagen auch neue positive religiöse
Regungen an den Tag, in denen wir nicht blos eine Steige=
rung alten traditionellen Aberglaubens, sondern zugleich den
Ausdruck eines wirklichen, freilich immer wieder nach den
alten eiteln Mitteln greifenden religiösen Bedürfnisses zu
erkennen haben: so ein weitverbreiteter erhöhter Eifer für
kirchliche Stiftungen, für geistliche Uebungen in Gottes=
dienst und Ascese, für Wallfahrten, für den Kultus von
alten und neuen Heiligen u. s. w.

Ein echtes Beispiel solcher deutscher Frömmigkeit
sehen wir in Friedrich, so lange und so weit wir ihn
kennen. Nirgends macht sie sich bei ihm aufdringlich

geltend; um so lauterer, wärmer, beharrlicher erscheint sie
in sich selbst.

Mit gewissenhafter Treue nahm er an allen her=
gebrachten kirchlichen Uebungen der katholischen Kirche teil.
Spalatin, der ja gerade kein Interesse hatte, solche vor=
reformatorische Züge bei seinem geliebten Herrscher hervor=
zuheben, berichtet, daß Friedrich keinen Tag, weder daheim
noch über Feld oder auf Jagden, unterlassen habe, eine
Messe zu hören. Als Luther einmal auf die Katholiken
und katholischen Fürsten zu reden kam, welche im obrig=
keitlichen Beruf nur eine weltliche, profane Thätigkeit im
Gegensatz zur wahren christlichen Vollkommenheit sahen,
erwähnte er auch, daß Friedrich einst einen Mönch um sich
gehabt habe, der ihn von den fürstlichen Arbeiten und be=
sonders vom Rechtsprechen abziehen wollte, damit er nur
Messen und Vigilien hören möge. Die Fastenzeit brachte
er gern in der Stille zu: so öfters im Augustinerkloster zu
Grimma.

Als er schon im siebenten Jahre seiner Regierung stand,
folgte auch er, der keineswegs ein Mann rascher Entschlüsse
und kühner Unternehmungen war, 1493 noch dem Zug zum
heiligen Lande und Grabe. Er durfte wohl sagen, wie er
testamentarisch erklärte, daß er die Reise „aus sonderer
Innigkeit und Andacht" mache. Er trat sie an, nachdem
er in der Kirche zu Torgau sich hatte „aussegnen lassen"
und, von der ganzen Gemeinde prozessionsweise begleitet,
noch den ersten Stein zur Kapelle des heiligen Kreuzes vor
Torgau gelegt hatte. Ehe er zu Schiffe ging, ließ er sich

in Venedig noch einmal aussegnen. Sein Ziel in Palästina
waren nur die heiligen Stätten Jerusalems, wo er fünf
Tage verweilte. Er reiste mit einer sehr zahlreichen Be-
gleitung, doch in der einfachen Weise von Pilgern. Nach
der Heimkehr ließ er jene Kapelle ausbauen.

Als Landesherr war er treulich darauf bedacht, kirchliche
Heiligtümer zu unterstützen, auch neu aufzurichten. Er,
der sorgsame Haushalter, von dem es wohl hieß, er sammle
mit Scheffeln ein und gebe mit Löffeln aus, ließ sich die
großen Ausgaben für Kirchen, Stifte, Klöster, Gebäude,
Altäre, Ornamente u. s. w. nicht dauern. Er „hielt darob",
wie Spalatin sagt, „also, daß es ihm wenig nicht allein
Fürsten und Herren, sondern auch Könige und Andere leicht-
lich nachthun werden".

Weitaus am Großartigsten hat Friedrich dieses fromme
Streben an seiner Schloßkirche und ihrem Allerheiligenstifte
bethätigt. Das Geld, welches er dafür ausgab, schätzt
Spalatin auf mehr als 200 000 Gulden, das wären nach
unserem heutigen Geldwert etwa 4 Millionen Mark.

Die Kirche ließ Friedrich in den Jahren 1490—1499
ganz neu bauen. In dem damals sehr ärmlichen Städtchen,
dessen Bürger großenteils zwischen Lehm und Holz und
unter Stroh wohnten, erhob sie sich als ein weiter, hoch-
gewölbter, gothischer Prachtbau aus lauter Werksteinen,
an ihrer Seite ein stattlicher Schloßthurm. Ihren Fuß-
boden bildete bunter Rochlitzer Marmor. An ihren Wänden
erhielt sie reiche Gemälde, einige von Albrecht Dürer, von
ihm namentlich (im Jahre 1504) eine Anbetung der drei

Könige, für ihren Hauptaltar ein großes Gemälde von
Kranach. Neben jenen hing auch eine marmorne Tafel
mit acht Bildern aus Christi Passion. Dazu kamen einige
eigentümliche Wunder aus Gottes natürlicher Schöpfung,
zwei mächtige Walfischrippen, wahrscheinlich eine alte
Schenkung pommerscher Herzoge, eine andere kolossale Rippe,
welche man für die eines Riesen oder eines Enaksohnes
(4. Mos. 13) hielt, ein weißes Horn, ähnlich einem Jäger-
horn, weit größer als ein Ochsenhorn, das ein Elephanten-
zahn gewesen zu sein scheint, Manchen aber für die Klaue
eines Greifen galt. Ferner wurde an der Wand eine Tafel
angebracht, auf welcher die Hauptorte des heiligen Landes
angegeben waren, eine Erinnerung an jene fromme Fahrt
Friedrich's nach Palästina.

Beim Stift vermehrte Friedrich die Zahl der dazu
gehörigen Personen, die bis dahin kaum 20 betragen
hatte, auf über 80. Die 14 Stiftsherren oder Prälaten
sollten teils Theologen und Doktoren der Theologie, teils
Doktoren der Rechte, teils wenigstens theologisch gebildete
Magister der Philosophie oder der freien Künste sein. Dabei
wurde das Stift jetzt in die engste Wechselbeziehung zur
neugegründeten Universität gesetzt. Es sollte ihr mit seinen
Einkünften dienen und Professoren der Universität den
wohldotierten Dienst von Domherren beim Stift und
der Kirche versehen. Für diese Zwecke wurden den kirchlichen Pfründen benachbarter Orte, die schon von Anfang
an für's Stift beigezogen waren, jetzt noch eine Anzahl
weiterer beigefügt; so z. B. die Propstei Kemberg und die

Pfarrei Orlamünde, die nachher in der Geschichte der Reformation hervortreten. Auf diese Weise wurden für Stift und Universität in frommem Eifer Mittel geschaffen. Daß man auf die Gemeinden und Aemter der betreffenden Orte, die nun durch Vikare verwaltet werden mußten, so geringe Rücksicht nahm, war wiederum für diese Frömmigkeit bezeichnend.

Bei der Universität wirkte die Verbindung mit der Stiftskirche ohne Zweifel dazu mit, daß, wie es dem Sinne des Fürsten entsprach, im Gegensatz zu Kämpfen und Reibungen, zu welchen der Humanismus anderswo führte, eine friedliche kirchliche Haltung fortbestand. Die Stiftskirche war auch die Stätte der feierlichen akademischen Akte. Mit Messen wurden diese eröffnet. Auch Thesen zu akademischen Disputationen wurden an der Thüre der Stiftskirche angeschlagen. Die Universität und jede einzelne Fakultät waren unter den Schutz von bestimmten Heiligen gestellt. Patron der Universität war nächst Gott und der Jungfrau Maria der heilige Augustin, Patron für die Theologen der Apostel Paulus, für die Juristen Ivo, für die Mediziner Cosmas und Damianus, für die Artisten oder Philosophen Katharina. Jede Fakultät hatte das Jahresfest ihres Patrons feierlich zu begehen und die ganze Universität dazu einzuladen. Von da erhielt sich noch weit in die protestantische Zeit hinein bei der Wittenberger Universität der Brauch, daß der philosophische Dekan am Katharinentage eine feierliche Rede zu halten hatte.

Am reichsten und preiswürdigsten erschien endlich die

Kirche durch die in ihr niedergelegten Reliquien, welche
Friedrich mit merkwürdigem, stetem, unermüdlichem Eifer
vermehrte und in würdigster Weise zu bewahren und dar=
zustellen bedacht war. Ein Beispiel noch aus späteren
Jahren zeigt uns, wie er im Ausland durch Vertraute
sammeln ließ: so in Venedig durch einen deutschen Frei=
herrn von Schenk, der als Mönch dort lebte. Besonderen
Ertrag mochte seine Wallfahrt nach Palästina bringen,
auch eine Reise in die Niederlande, zu der er im folgenden
Jahr, 1494, sich veranlaßt sah. Als er 1507 bei einem
Reichstag in Constanz war, erwirkte er sich vom Papst
Julius II. einen Erlaß an alle Erzbischöfe, Bischöfe, Aebte
und Prälaten des heiligen römischen Reichs, wonach diese
von den Reliquien und Heiligtümern aller Orten „Ihren
fürstlichen Gnaden Etwas mittheilen und folgen lassen
sollten.“

Im Jahr 1509 erschien in Wittenberg eine Be=
schreibung dieser Heiligtümer mit 116 in Holz geschnittenen
Abbildungen. Vorn, auf der Rückseite des Titelblatts,
giebt sie ein Bild der neuen Kirche, am Schlusse das
kurfürstliche Wappen in reichen, anmuthigen Verzierungen.
Ihr Titel lautet: „Dye zaigung des hochlobwirdigen heilig=
thums der Stifftkirchen aller hailigen zu wittenburg.“ Am
Schluß heißt es: „Gedruckt in der Churfürstlichen Stat
Wittenbergk Anno Tausend fünffhundert und neun.“ Sie
war wohl durch den Fürsten selbst veranlaßt, jedenfalls
in seinem Sinne hergestellt. Wir besitzen von ihr noch
ein auf Pergament gedrucktes Exemplar, das allem nach

für den Fürsten oder seinen Hof bestimmt war. Bei der
Angabe einer der Reliquien steht von gleichzeitiger Hand
eine Randbemerkung: „Er hatte das in der Rechnung
gefehlet", das heißt wohl: Der mit den Rechnungen für
die Reliquien Beauftragte hatte hier etwas verfehlt. In
dem Pergamentexemplar hat die Vorderseite des Titelblattes
unter jenem Titel noch einen weiten leeren Raum. Dieser
ist auf den uns erhaltenen Papierexemplaren durch einen
feinen Kupferstich Kranachs ausgefüllt, der zwei sächsische
Fürsten, ohne Zweifel Friedrich und seinen Bruder Johann,
darstellt, mit der Jahreszahl 1510: er ist offenbar erst
nach dem Druck der Schrift fertig und dann noch auf das
Titelblatt gedruckt worden (wir teilen eine Nachbildung
der beiden Seiten des Titelblattes mit).

Die Publikation bedeutete nicht, daß die Sammlung
jetzt vollendet sei. Diese wurde vielmehr, wie wir unten
weiter sehen werden, mit gleichem Eifer fortgeführt. Wohl
aber sollte in jenem Buche gezeigt werden, welch' schönes,
reiches Ganze die Sammlung bilde, und zum Genusse ihrer
Güter eingeladen.

Nach der Angabe des Buches enthielt sie jetzt, im
Jahre 1509, im Ganzen 5005 Stücke. Sie war in acht
Gänge geteilt. Die Reliquien waren in größerer oder ge-
ringerer Zahl zu Partien zusammengelegt, von denen der
erste bis fünfte Gang je 15, der sechste 16, der siebente 12,
der achte 11 umfaßte. Zu jeder derselben gehörte ein kost-
bares Gefäß manigfacher Art aus edlem Metall, Kryftall,
Perlen u. f. w., ferner Figuren von Heiligen, wie namentlich

Die Schloßkirche zu Wittenberg.
Aus dem Wittenberger Seiligtumsbuch v. J. 1509 (vgl. S. 17).

von den 12 Aposteln, aus Silber und Gold, ferner Mon=
stranzen, reichverzierte kleine Kreuze, auch ein kostbar ein=
gefaßtes Horn aus Elfenbein, ferner ein Paar ebenso ein=
gefaßte Straußeneier, ja auch zwei „Greifklauen" von der
Gestalt eines Hornes. Die Reliquienstücke waren darin
niedergelegt oder irgendwie sonst daran angebracht. Eben
diese Kunstgegenstände bilden den Gegenstand jener Ab=
bildungen.

Die Bilder, namentlich die der Apostel, zeichnen sich
durch sehr kräftige, schöne Zeichnung aus. Auch sie, wie
jenes in Kupfer gestochene Titelbild, stammen von Lucas
Kranach her, und gehören zu den besten und interessantesten
Arbeiten seiner Hand. Sie sind so ein Denkmal zugleich
einer christlichen Frömmigkeit, die jetzt zu Ende gehen sollte,
und einer neu auflebenden gesunden deutschen Kunst. In
der Wiedergabe jener Gegenstände, namentlich der Figuren
und Gesichter, hat der Künstler offenbar den eigenen Geist
und die eigene Phantasie frei einwirken lassen. Dies wird
auch aus noch unveröffentlichten Federzeichnungen ersichtlich,
welche unsern Bildern aufs engste verwandt sind und aus
derselben Hand stammen (wir werden von ihnen später noch
zu reden haben). In unserm Heiligtumsbuch sehen wir es
auch aus jenem Bild der Schloßkirche, sofern hinter dieser ein
steiler Hügel mit Gehölz und kleinen Bauwerken sich erhebt.

Die Reliquien sind meist nur kleine Stückchen von
Leibern, Gebeinen, Kleidern, oder auch von einem durch
die Geschichte geheiligten Stein, Erde u. s. w., darunter
aber auch z. B. „vier ganz Gebeine und vier ganz Haupt

aus der Gesellschaft Sanctae Ursulae", ein „ganz Haupt
und ein Schwert von der Gesellschaft Sanct Mauritii",
ein „ganzer Leichnam von einem der (durch Herodes ge-
mordeten) unschuldigen Kindlein" neben verschiedenen Beinen,
Armen und Fingern anderer derselben.

Die bekannten Heiligen sind alle mehr oder weniger
reichlich vertreten, daneben manche, die wir kaum mehr dem
Namen nach kennen. Namentlich fand darunter auch die
Universität ihre oben genannten Patrone, — vom Heiligen-
paare Cosmas und Damian wenigstens acht Partikeln und
dazu von jenem ein großes Stück eines Armes, von Jvo
wenigstens Ein Stückchen, — von der heiligen Katharina
besonders auch ein Teilchen der Milch, die bei ihrer Ent-
hauptung statt des Blutes aus ihr geströmt sein soll. Die
ganze Sammlung beginnt, indem ihr erster Gang „Jung-
frauen und Wittwen" gewidmet ist, mit der uns Deutschen
so werten heiligen Elisabeth, nämlich einem Glas von ihr,
Stückchen von ihrem Mantel, ihrem Kleid, ihren Haaren,
zwei Zehen von ihr und „acht andern Partikeln ihres
heiligen Gebeines".

Aus der Zeit des alten Bundes war nur verhältnis-
mäßig Weniges mehr beizubringen, darunter jedoch Merk-
würdigkeiten wie Etwas „von dem Busch, den Mose sah
brennen und nicht versehrt ward", und von dem Manna in
der Wüste, — auch z. B. Ruß des Feuerofens, in welchem
die drei Freunde Daniels unverletzt ihren Gott priesen.

Ueberaus zahlreich und manigfach waren die heiligen
Andenken an Jesu Leben und Tod: Reste von der Milch

seiner jungfräulichen Mutter, von einem Baum, unter dem
sie ihn „gesäugt hat bei dem Balsamgarten", von ihrem
Haar, von ihren Kleidern, ihrem Gürtel, ihrem Schleier,
— von den Windeln des Kindes Jesu, von der Krippe
und dem Heu und Stroh, darauf er gelegen, von dem Gold
und den Myrrhen der heiligen drei Könige, — weiter von
dem Berg, an dem er in der Wüste fastete, von der Stätte,
auf der er das Vaterunser predigte, von der Treppe, unter
welcher nach seiner Erzählung der arme Lazarus lag, von
dem Stein, auf welchem stehend Jesus über Jerusalem
weinte, von demjenigen, auf welchem er den Esel zum Ein-
zug in Jerusalem bestieg, von demjenigen, auf welchem er
in Gethsemane Blut schwitzte, von dem, welcher auf sein
Grab gelegt war, von dem, von welchem aus er gen Himmel
fuhr, — von seinem Bart, von seinen Kleidern, von seinem
ungenähten Rock, — von dem Tisch und Brot seines letzten
Mahles mit den Jüngern und dem Tuch, womit er ihnen
dort die Füße trocknete, — von seinem Schweißtuch, von einem
weißen Kleid, in welchem er von Herodes verspottet worden
sei, von dem purpurnen, das ihm die Kriegsknechte um-
legten, von der Säule, an der er gestäupt, dem Strick,
mit dem er gebunden, der Rute, mit der er geschlagen,
dem Schwamm, mit dem er am Kreuze getränkt wurde,
„von dreierlei Holz des Kreuzes Christi", von einem Nagel,
der ihm „durch die Hände oder Füße geschlagen war", zwei
Stückchen und acht ganze Dornen von seiner Dornenkrone,
dazu noch als besonderes Kleinod jener Eine Dorn in der
Monstranz, die ein König in der Hand hält (vgl. oben S. 6).

Nach den aufgeführten Stücken wird von der Be=
schreibung noch erwähnt „ein Sarg mit Silber beschlagen,
darinnen sind 1678 Partikel heiliger Gebeine, 72 Partikel
Gestein von heiligen Stätten, welche durch Verbleichung
der Schrift Altershalben nicht mochten gelesen und nam=
haftig angezeigt werden“: ein Beweis der Redlichkeit,
womit der Kurfürst und seine Diener sich enthielten, unsicher
und unwillkürlich etwas zu bestimmen, was sie nicht wirk=
lich bestimmen und hiedurch erst wertvoll machen zu können
sich bewußt waren.

Alljährlich am Montag nach dem Sonntage Miseri=
cordias kam diese ganze Sammlung zu feierlicher, öffent=
licher Ausstellung. Die einzelnen Stücke wurden hier vor=
gewiesen und zum Schluß von Allem als Allerheiligstes
eine die göttliche Dreieinigkeit darstellende, die einfache
Hostie in sich bergende silberne Monstranz. Die Beschreibung
kündigt an, daß hier 100 Tage Ablaß zu einer jeden ein=
zelnen Partikel erteilt werden, und überdies zu jedem
Gang im Ganzen ebensoviele Tage Ablaß nebst einem Caren,
d. h. einem so großen Erlaß von Strafen, als sonst durch
40 Tage geschärfter Fastenzeit erworben werden müßte.
Die Absicht der Beschreibung ist, eben zum Besuche „solchen
würdigen Heiligtums“ und zum „Verdienen solcher Gnaden“
jeden „andächtigen Menschen“ einzuladen. Was zu der
andächtigen Verehrung gehöre, die zum Behuf solchen
Verdienens den Heiligtümern gewidnet werden müsse, hat
sie nicht näher erklärt. Sie schließt mit dem Rufe: „Selig
sind, die sich des theilhaftig machen.“

Mit Ablaß und anderen Gnaden war die Kirche und das Stift auch sonst reichlich ausgestattet; jenes Buch sagt, es sei das mit wenigen Schriften oder Worten gar nicht zu vermelden. Namentlich verlieh schon eine Bulle Bonifaz' IX. den andächtigen Besuchern der Wittenberger Stiftskirche und ihrer Altäre an den zwei Tagen vor und nach Allerheiligen einen ganz besonderen Ablaß, wie er in Assisi, dem Orte des heiligen Franziskus, jährlich einmal und außerdem nur an wenigen Orten gespendet wird, und Leo X. erhöhte denselben im Jahre 1516 gar auf Ablaß für 100 Jahre.

Dem Fürsten, der mit so viel Eifer und Aufwand die Bereicherung seiner Kirche mit Heiligtümern und Gnadenmitteln betrieb, fehlte es auch nicht an Dank und Anerkennung von Rom her. Es wurde sogar ein Ablaß den Gebeten verheißen, die man für ihn an Gott richte. Ein päpstlicher Theolog berichtet hierüber: das Haupt der Kirche habe im Hinblick auf die überaus fromme Gesinnung, mit welcher Friedrich dem göttlichen Dienste sich zuwende, mit sonderlicher Huld 100 Tage der himmlischen Ablaßgabe Allen ausgespendet, welche für das Leben eines solchen Fürsten ihre Bitten vor Gott ausschütten.

Daß er aber in seinem weltlichen Regiment irgend welche Pflichten versäumt habe, konnte ihm deshalb doch Niemand vorwerfen. Auch in seinem persönlichen Leben war er mit Bezug auf die religiösen Pflichten doch nicht so ängstlich befangen, wie andere Vertreter einer solchen Frömmigkeit.

Wie hoch seine Eigenschaften als Regent geschätzt wurden, zeigt besonders die Willigkeit im Kreis der deutschen Reichsfürsten und freien Städte, ihm nach Maximilian's Tod das Kaisertum zu übertragen; zugleich empfahl ihn der Papst dazu. Er selbst wollte nichts davon wissen, ohne Zweifel in richtigem Bewußtsein davon, daß es ihm doch an einer Hausmacht fehle, um die kaiserlichen Rechte und Pflichten kräftig und würdig zu vertreten, und auch an der persönlichen Begabung, Kraft und Neigung, dafür zu kämpfen. Unter Maximilian's Regierung hatte besonders er an den Reformversuchen für das Reich sich beteiligt, an deren Spitze Erzbischof Berthold von Mainz stand: sie wollten des Reiches Einheit und Wohl durch neue feste ständische Ordnungen sichern.

Im eigenen Lande suchte er gewissenhaft und mit Hilfe wohl ausgewählter Ratgeber in allen Angelegenheiten des Rechtes und der Verwaltung sich zu unterrichten. In denjenigen Gebieten, welche nicht zum Kurlande gehörten, teilte sein Bruder Johann die Herrschaft mit ihm: beide regierten in ungetrübter Gemeinschaft mit einander. Den Sohn Johanns, Johann Friedrich, dessen Pathe er auch war, nennt er, der selbst unverheirathet blieb, in Briefen an Johann kurzweg „unser Sohn", ja „mein Sohn".

Gegen die Unterthanen war er allgemein gütig und mild, gegen Notleidende mitleidig und hilfbereit, wenn man auch darüber klagen mochte, daß er, der bedächtige, vorsichtige, in sich zurückhaltende Mann nicht gern die Leute selbst anhöre.

4

Koſtbare Liebhabereien blieben ihm ferne. Seine Liebe zu den Wiſſenſchaften, welche jene Humaniſten prieſen, hat er vor Allem in der Stiftung und ſteten Pflege ſeiner Univerſität Wittenberg bethätigt. Er ließ auch eine ſchöne Sammlung griechiſcher Bücher durch Mutians Vermittlung in Venedig ankaufen und ſuchte ſie noch weiter zu be=reichern. Ferner lag ihm die vaterländiſche Geſchichte am Herzen; Spalatin machte ſich, im Einverſtändnis mit ihm, durch mancherlei eigene Arbeiten um ſie verdient. Zugleich wird Friedrich gerühmt als ein ſehr guter Kenner und Tur=nierer, eifriger Waidmann, guter Schütze. Und nicht blos den Wiſſenſchaften und ritterlichen Uebungen war er hold, ſondern er liebte es auch, ſich in einem Handwerk, nämlich der Drechslerei, zu üben; ja Spalatin urteilt, der Fürſt ſei darin ſo gut oder noch beſſer als ſeine Drechsler geweſen, deren er zuweilen zwei oder drei gnädiglich bei ſich ge=halten habe. Sein frommer Sinn zeigte ſich im täglichen Leben und Verkehr namentlich auch darin, daß ſeine nächſte Umgebung bezeugen konnte, nie einen Fluch aus ſeinem Munde gehört zu haben.

Grundzug war bei ſeinem Thun und Ueberlegen die große, ruhige Umſicht. Man rühmte ihn als einen treff=lichen Fabius Cunctator, tadelte ihn, daß er mit nichts zum Schluß kommen könne. Sein Verhalten hierin war Sache ſeines Temperamentes, wie ſeines gewiſſenhaften Charakters. Was er aber einmal ernſtlich in die Hand nahm, das hatte, wie Spalatin mit Berufung auf Aller Urteil ſich ausdrückt, Hände und Füße. Von weit ausſehenden und verwickelten

Unternehmungen und Plänen hielt er sich freilich immer so
sehr wie möglich ferne.

Bei der Nachwelt lebte er so fort als „Friedrich der
Weise".

Schon seine Zeitgenossen sahen in ihm den „Friedreichen".
Von keinem bedeutenderen deutschen Fürsten jener Zeit war
wohl weniger als von ihm zu erwarten, daß er eine Zeit
des Sturmes und Dranges herbeiführen, seine Deutschen
zu kühnen, politischen und kirchlichen Reformen fortreißen,
sich mit ihnen in unabsehbare Kämpfe stürzen möchte. So
weit es in seiner Natur, seinem Charakter und seinen
Wünschen lag, mußte sein Regiment ein friedliches werden
von bester alter Art, bereichert und verschönert durch die
Mittel geistiger Bildung und geistigen Genusses, welche
eine neuanbrechende Zeit darbot.

Da kam über ihn ganz ungeahnt die höhere Hand,
die den Mann des Friedens in Kämpfe ohne Gleichen
hinein geworfen, den ehrlichen, frommen Reliquiensammler
für Viele zum Verleugner des Heiligen, für uns zum treuen
Beschützer des neu aufleuchtenden Evangeliums gemacht hat.

Friedrich der Weise mit seiner Schloßkirche und Luther, der Reformator.

1. Vom Thesenanschlag biß zum Wormser Reichstag.

Es war im Jahr 1517 am Abend vor dem Aller-
heiligentag, wo die diesen Heiligen geweihte Kirche den
Festgästen von Nah und Fern ihre Pforten öffnete, damit

sie jener besondern Abläße (oben S. 24) teilhaftig werden
möchten. Da schlug an ihrer Hauptthüre der Augustiner-
mönch und Universitätsprofeßor Dr. Martin Luther seine
95 Thesen wider den Ablaß an, um „aus Liebe zur Wahrheit und aus dem Verlangen, sie an den Tag zu bringen"
zu einer Disputation darüber einzuladen.

Luther sah sich hiezu veranlaßt durch denjenigen
Ablaß, welchen Papst Leo X., um den Bau seiner Peters-
kirche zu fördern, damals gegen Geld ausspendete und deßen
Vertrieb in Deutschland der Erzbischof Kurfürst Albrecht
von Mainz übernommen hatte und durch den hiefür nur
allzugeschickten Ablaßkrämer Tetzel besorgen ließ. Er hatte
aus diesem Anlaß auch schon auf der Kanzel, und zwar in
der Schloßkirche, warnend zur Gemeinde gesprochen. Dabei
erklärten sich aber die Thesen prinzipiell und ganz allgemein
bezüglich der Abläße; so der Satz, daß der Papst mit den
Strafen, die er im Ablaß erlaße, nur die von ihm selbst
auferlegten meine (während in Wahrheit die päpstliche
Theorie grade auch die von Gott aufzuerlegenden Strafen
dadurch vergeben sein ließ), — der Satz, daß wahrhaftige
Reue die Strafen selbst liebe, — der Satz, daß ein aufrichtig
reuiger Christ auch ohne päpstlichen Ablaß schon voll-
kommenen Erlaß von Strafe und Schuld von Gott habe.

Luther hatte mit jener Predigt über den Ablaß, wie
er später selbst erzählt, „bei Herzog (Kurfürst) Friedrich
schlechte Gnade verdient, denn er sein Stift auch sehr lieb
hatte". Luther wußte auch, daß dieser um die Vermehrung seiner für den Ablaß so wertvollen Reliquien sich

kurz zuvor wieder ganz besonders bemüht hatte, nämlich
durch Aufträge, die er dem damals in den Niederlanden
beschäftigten Generalvikar des Augustinerordens, Staupitz,
gab; ja Luther hatte selbst hierüber im vorangegangenen
Dezember Etwas an den Hof zu berichten. Eine Rücksicht
darauf also kannte Luther bei seinen Ablaßthesen nicht;
er ging hier voran, wie er selbst später sagt, als „ein junger
Doktor, neulich aus der Esse gekommen, hitzig und lustig
in der heiligen Schrift". Nur nach einer andern Seite
hin gedachte er seines Kurfürsten. Er wollte nämlich sorgfältig vor dem Scheine sich hüten, als ob er seinem Fürsten
zu Gefallen oder gar auf dessen Geheiß die Thesen aufge-
stellt hätte, weil dieser dem Erzbischof Albrecht übel gesinnt
sei. Deswegen war er, wie er nachher dem Spalatin erklärte, darauf bedacht, die Thesen vor ihrer Verbreitung
gar nicht zur Kenntnis Friedrichs oder irgend Jemandes
an seinem Hofe gelangen zu lassen. An Albrecht selbst hatte
Luther am 31. Oktober ein ebenso offenes, wie respektvolles
Schreiben gerichtet.

Für Friedrich nun war Luther, der Wittenberger
Professor, bis dahin schon Gegenstand besonderer, wohl-
wollender Aufmerksamkeit gewesen. War doch dieser durch
den von ihm hochgeschätzten Staupitz aus dem Erfurter
Kloster dorthin gezogen worden. Vor fünf Jahren hatte
Friedrich für ihn, den mittellosen, die Kosten der theologischen Doktorpromotion bestritten. Staupitz that über
ihn gegen den Fürsten die Aeußerung, die dieser festhielt: er
„wolle ihm einen eigenen Doktor aus diesem Manne ziehen."

Spalatin ferner, den Friedrich jetzt stets als besonderen Mann seines Vertrauens an seiner Seite hatte, war vorher in Wittenberg, wo er als Prinzenerzieher sich aufhielt, mit Luther eng befreundet worden und in warmem Verkehr mit ihm geblieben. Endlich hatte Friedrich auch selbst schon Luther predigen gehört und bedeutenden Eindruck davon empfangen. Er gedachte, wie Spalatin zuvor Luthern meldete, des letzteren häufig und ehrend. Im November des vorigen Jahres erhielt dieser Tuch zur Kleidung, was damals ein theuerer Stoff war, von seinem Fürsten zum Geschenk und wohl noch im gleichen Jahr das Versprechen, er solle eine „Kappe" (herabhängende Mönchskapuze) geschenkt bekommen. Auch durfte ihm Spalatin über wichtige fürstliche Ueberlegungen Mitteilung machen: so im Sommer jenes Jahres über Großes, was der Kurfürst mit Staupitz vorhabe, nämlich Zuwendung eines Bisthums an denselben.

Luther fühlte sich, wie er dem Freund auf jene Meldung antwortete, einem „solchen und so großen Fürsten" gegenüber ganz unwürdig. Offen aber sprach er das, was er doch bei ihm ausbilligen mußte, nicht bloß gegen den Freund, sondern auch dem Fürsten gegenüber aus. So verwarf er jenes Vorhaben bezüglich des Staupitz, den man nicht in eine jetzt leider so tief gesunkene, mit den ärgsten sittlichen Flecken behaftete amtliche Stellung hineinziehen dürfte. Dazu fügte er gegen Spalatin die allgemeine Bemerkung: in Friedrichs Augen glänze Vieles, was vor Gott Schmutz sei; derselbe sei wohl in weltlichen Dingen überaus klug, aber da, wo es um Gott und der Seelen Heil sich

handle, „faſt ſiebenfach blind". „Und das", fährt Luther
fort, „ſage ich nicht im Winkel, will auch nicht, daß du
es irgendwie geheim halteſt; ich bin auch bereit, wo immer
ſich Gelegenheit bietet, es Jedem ins Geſicht zu ſagen".
Er mochte hiebei Dinge, wie eben den Ablaß, im Auge haben.

Ganz kurz nach dem Anſchlag der Theſen und noch
ehe er wußte, daß ſie ſeinem Fürſten bekannt geworden
wären, richtete Luther an dieſen ein Schreiben, das der
Theſen gar nicht gedenkt und das uns zeigt, in welchem
freien gemüthlichen Ton er zu einem „ſolchen und ſo großen
Fürſten" reden konnte und auch jetzt ganz unbefangen reden
zu dürfen glaubte. Da erinnert er ihn nämlich an das
ihm zugeſagte neue Kleid und bemerkt über den hiermit
beauftragten fürſtlichen Rath Pfeffinges: Der könne wohl
gute Worte ſpinnen, es werde aber nit gut Tuch daraus.
Und „um ſein Hofkleid zu verdienen" legt er weiter als
„ein armer Bettler" dem Kurfürſten die Bitte ans Herz,
von einer drückenden neuen Auflage abzuſtehen, die, wie
man höre, gegenwärtig ſeinen Unterthanen drohe; Gott
habe ihn wohl mit hoher Vernunft begnadet, aber Gott
wolle ja doch zuweilen große Vernunft durch weniger Vernunft auf den rechten Weg weiſen. Zugleich bittet er für
Staupitz, der damals in einer uns unbekannten Sache ſich
Ungnade bei Friedrich zugezogen haben ſollte, daß dieſer
ſich zu jenem würdigen lieben Vater doch auch fernerhin
aller Treue verſehen möge. So wenig glaubte er für ſich
ſelbſt beſorgt ſein zu müſſen, daß er die fürſtliche Gnade
jetzt verſcherzt haben möchte.

Darüber nun, wie Friedrich die Thesen, die ihn jeden=
falls tief betroffen machen mußten, im Augenblick aufge=
nommen hat, besitzen wir keine Nachrichten.

Aus der Zeit gegen Ende des 16. Jahrhunderts hat
sich die weitläufige Beschreibung eines gar wunderbaren
Traumes erhalten, den Friedrich in der auf jenen 31. Oktober
folgenden (nach Andern schon in der jenem vorangehenden)
Nacht in seinem Schlosse zu Schweidnitz gehabt und selbst
seinem Bruder Johann erzählt haben sollte. Darnach er=
schien ihm im Traum ein von Gott gesandter Mönch,
begleitet von allen Heiligen, durch welche Gott ihm gebot,
Jenem zu gestatten, daß er Etwas an seine Wittenberger
Schloßkapelle schriebe. Der Mönch machte so große Buch=
staben, daß Friedrich sie in Schweidnitz lesen konnte. Seine
Feder war so lang, daß sie bis Rom reichte. Dort stach
sie einen daselbst liegenden Löwen also ins Ohr, daß sie zum
andern Ohr wieder herausging. Sie streckte sich ferner
bis an die dreifache päpstliche Krone und stieß diese so hart
an, daß dieselbe schon dem Papste vom Haupt fallen wollte
und Friedrich, jetzt selbst anwesend, den Arm ausstreckte,
um sie halten zu helfen. Weiter begehrte im Verlauf des
Traumes der Papst von den Reichsständen, daß sie dem
Mönche wehren sollten. Sie und mit ihnen Friedrich
bemühten sich aber vergeblich, diesem die Feder zu zer=
brechen; sie wurde immer starrer und knarrte so, daß es
in den Ohren schmerzte, bis jene ermüdet nachließen. Da
fragte Friedrich den Mönch, woher solche Feder stamme,
und erhielt von ihm zur Antwort, daß sie von einer

hundertjährigen böhmischen Gans her (womit natürlich
Johann Hus gemeint ist) auf ihn gekommen sei, daß er
selbst sie geschnitten habe, und daß sie deswegen so fest sei,
weil man aus ihr den Geist nicht wie das Mark aus den
andern Federn herausziehen könne. Bald hörte man schreien,
es seien aus jener Feder schon unzählige andere gewachsen,
sie werden gewiß wie jene werden, und es werde gewißlich
etwas Sonderliches daraus folgen. Friedrich beschloß jetzt,
eiligst mit dem Mönch sich zu unterreden, — da wachte
er auf und es war Morgen. — So ist der Traum auch in
unserer Zeit mehrfach wieder in Deutschland erzählt worden.

Hätte der Kurfürst gleich in der Nacht nach dem An-
schlag der Thesen oder gar schon in der Nacht zuvor wirklich dies Alles schon geschaut, dann könnten wir nichts
Anderes erwarten, als daß er von Anfang an des Weges
sicher gewesen wäre, den er in jenes Mönches Sache zu
verfolgen hätte, und müßten uns nur wundern, von solcher
Sicherheit nicht mehr in seinem wirklichen Verhalten wahr-
zunehmen. Aber bis gegen Ende des Jahrhunderts fehlt
es so ganz an Zeugnissen irgend welcher Art für die Thatsache jenes Traumes und dieses Fehlen wäre, wenn er doch
Thatsache wäre, so unbegreiflich, daß wir nur eine spätere,
ihrem Ursprung nach nicht weiter zu ermittelnde Dichtung in
ihm sehen können; wir werden ohne Bedenken sagen dürfen,
daß hiefür auch sein eigenthümlicher Inhalt und die Form
seiner Darstellung zeuge.

Wir müssen also dahingestellt lassen, wie auf den
ruhigen, bedächtigen Fürsten, der überdies selbst bei der

5

Frage über den Ablaß betheiligt war, das scharfe Vorgehen
seines Wittenberger Professors zunächst gewirkt hat. Aber
sobald wir wieder seine Gesinnung und Stimmung diesem
gegenüber beobachten können, ist sie doch noch dieselbe wie
früher. So muß das alte Vertrauen zu ihm weiter gewirkt
haben und so wohl auch eben sein gegenwärtiges scharfes
Zeugnis, obgleich es den bisherigen Anschauungen Friedrichs
rücksichtslos widersprach. Weder die heftigen Angriffe,
welche sogleich gegen Luther als groben Ketzer sich erhoben,
noch auch die immer kühneren Schritte, zu welchen dieser
Streiter eben hierdurch weiter getrieben wurde, machten den
Kurfürsten darin irre. Seine Gesinnung kam so zum Ausdruck, als Luther im April des folgenden Jahres bei einem
Convent seines Augustinerordens in Heidelberg zu erscheinen
hatte. Schon erschien es gefährlich, ihn inmitten er-
bitterter Feinde so weit reisen zu lassen. Friedrich schrieb
da fürsorglich seinetwegen an Staupitz, indem er diesen an
seine frühere Aeußerung über Luther als sonderlichen Doktor
erinnerte, und Luther selbst vernahm Erfreuliches darüber,
wie sehr der Fürst den „soliden theologischen Studien"
gewogen sei und so auch ihn in seinen Schutz nehme.

Indessen lag die große Entscheidung, um die es bei
Luthers Sache sich handelte, keineswegs schon vor Augen.
Namentlich ein Fürst von Friedrichs Klugheit und Tempera-
ment konnte sehr leicht noch auf eine friedliche Lösung
hoffen. Ueber die Bedeutung des Ablasses gab es auch
unter gut katholischen Theologen bis dahin noch ver-
schiedene Auffassungen und diejenige, für welche Luthers

Gegner im Interesse der päpstlichen Machtvollkommen-
heit eiferten, war wenigstens nicht förmlich von der Kirche
sanktionirt.

Papst Leo, der Anfangs von seinem hohen Stuhl aus
den in Deutschland ausgebrochenen Streit nur für ein
schlechtes Mönchsgezänk angesehen hatte, ließ dann doch
einen Prozeß wegen Ketzerei gegen Luther in Rom einleiten,
wohin dieser am 7. August 1518 die Citation erhielt, schrieb
auch darüber in sehr ernstem Ton an Friedrich, indem er
ihm bemerkte, daß der Angeklagte, dieses Kind der Bosheit,
gar seines Schutzes sich zu rühmen wage, und ihn ermahnte,
den glänzenden Namen seines edeln Geschlechtes vom
Flecken einer solchen Verleumdung rein zu halten und Jenen
nach Rom abführen zu lassen.

Aber Friedrich wußte auch, wie viel Rücksicht der
Papst um derjenigen Interessen willen, welche denselben
am stärksten bewegten, auf ihn werde zu nehmen haben.
Er nahm eben damals an einem Reichstag in Augsburg
teil, wo die alten Beschwerden der deutschen Nation über
päpstliche Eingriffe und Geldgier neu sich erhoben, während
der Papst gern das Reich zu einem Türkenkrieg aufgeboten
hätte; Kaiser Maximilian arbeitete ferner bei den Reichsfürsten dahin, seinem Enkel die Kaiserkrone zuzuwenden,
wodurch der Papst in seiner weltlichen Machtstellung sich
bedroht glaubte; und bei allen solchen Verhandlungen
mußte diesem an Friedrichs Einfluß am meisten gelegen sein.
So schlug denn auch Leos Abgesandter Cajetan mündlich,
im Unterschied von jenem Schreiben, einen recht freundlichen

Ton gegen Friedrich an, und zugleich stellte Leo diesem huldvoll die goldene Rose in Aussicht.

Wegen Luthers kam Cajetan mit dem Kurfürsten dahin überein, daß Jener jetzt selbst vor ihm in Augsburg sich stellen sollte. Trotz jener päpstlichen Warnung ließ Friedrich dem Angeklagten auch für die Reise dorthin wieder seine persönliche Fürsorge angedeihen: er selbst schrieb nach Nürnberg an den ihm befreundeten, jetzt dort wohnhaften Juristen Scheurl und den angesehenen Herrn Anton Tucher, daß Scheurl mit Erlaubnis des Magistrates „unseren lieben andächtigen Dr. Martinus Luther" nach Augsburg begleiten möge, wohin dieser reise, um der wider ihn vorgebrachten „Beschwerung mit Gottes Hilfe sich zu entledigen". Auf der Reise dorthin predigte Luther unterwegs vor dem fürstlichen Hof in der Schloßkirche zu Weimar — jeder Beziehung auf den Streit sich enthaltend.

Vom 13.—15. Oktober verhandelte Cajetan in Augsburg mit Luther.

Es ging aber dort, wo der Kurfürst immer noch Hoffnungen des Friedens hegte, wie bei allen den großen Auseinandersetzungen Luthers mit seinen Gegnern: er sah sich, während der Legat einfachen Widerruf forderte, nur zu noch schärferem Zeugnis für die von ihm behauptete Wahrheit genöthigt. Sein Schirmherr mußte dann zu immer bedeutsameren Entscheidungen über die eigene Stellung in dem schweren Handel sich entschließen.

Schon auf der Rückreise aus Augsburg, das er auf die Warnung seiner Freunde wie ein Flüchtling verlassen

hatte, bekam Luther durch Spalatin Kenntnis von einem
päpstlichen Breve, wonach Cajetan sofort ihn als Ketzer
festnehmen sollte und alle seine Anhänger zu excommunicieren
ermächtigt war. Er dagegen faßte jetzt einen öffentlichen
Bericht über seine Verhandlung mit Cajetan ab und appel-
lierte feierlich vom Papst an ein christliches Conzil. Cajetan
richtete an den Kurfürsten die „Mahnung und Bitte",
um seiner Ehre und seines Gewissens willen den Mönch,
der trotz väterlichen Verfahrens mit ihm seine Irrtümer
anzuerkennen und mit der allgemeinen Kirche recht zu denken
sich weigere, entweder nach Rom zu schicken oder wenigstens
aus seinen Landen auszutreiben.

Luther selbst war bereits entschlossen, ins Ausland zu
gehen, wollte nur etwa noch die förmliche Bannbulle, die
gegen ihn ergehen mußte, abwarten. Unter den katholischen
Ländern schien Frankreich wegen der freieren Stellung,
welche seine Kirche und namentlich die Pariser Universität
zu Rom einnahm, und wegen der Gunst seines Königs für
Erasmus und den Humanismus etwa noch eine Stätte
für ihn darzubieten. Ueberdies konnte er ja zu den Hussiten
nach Böhmen flüchten. Der Weggang schien ihm namentlich wegen des bösen Scheines Pflicht, der um seinetwillen
auf seinen Fürsten falle. In einem Schreiben an Spalatin
erinnerte er diesen, welch ein Wagnis es schon sei, den Brief
eines Verfluchten und Excommunicierten zu lesen.

Friedrich hätte in seiner Vorsicht gerne noch jener Ver-
öffentlichung Luthers (der Augsburger Acta) Einhalt gethan. Als sie erschien, waren wenigstens acht Zeilen derselben,

ohne Zweifel auf seinen Befehl, mit Druckerschwärze über=
zogen: es stand dort, wie das einzige noch vorhandene
ungeschwärzte Exemplar zeigt, nur eine einzelne, persönlich
verletzende Aeußerung über das oben erwähnte päpstliche
Breve an Cajetan, das übrigens Luther gar nicht für echt
wollte gelten lassen. Das sachlich Gewichtigste ließ der
Fürst, wenn auch ungern, doch durchgehn.

An Cajetan erließ der Kurfürst am 8. Dezember die
Antwort: er sei von ganzem Herzen bereit, die Pflicht eines
christlichen Fürsten zu erfüllen, und mit Gottes Hilfe für
seine Ehre und sein Gewissen wohl bedacht. Aber er könne
nicht finden, daß Luther der Ketzerei schon überführt sei.
In Augsburg habe man ihn laut seines Berichtes ohne
eine genügende Untersuchung seiner Sache zum Widerrufe
nöthigen wollen. Er, der Kurfürst, habe von der großen
Menge gelehrter Männer in seinen Landen und auch auf
andern Universitäten bis jetzt keine Sicherheit darüber be=
kommen können, ob Luthers Lehre unchristlich sei, — nur
einige Leute ausgenommen, die aus persönlichen Interessen
und namentlich aus Geldinteressen Jenem, dessen Gelehr=
samkeit ihnen hiefür nicht nützlich gewesen sei, sich entgegen=
gesetzt, die erforderlichen Beweise aber noch nicht gegen
ihn geführt haben. So lange Luther also nicht überwiesen
sei, könne er ihn nicht austreiben oder nach Rom schicken.
Er dürfe seiner anerkanntermaßen christlichen Universität
diesen Schaden nicht anthun. Luther erbiete sich aber,
dem Urteil einiger Universitäten an sicherem Orte sich zu
stellen, und so wünsche auch er, daß Jenem die Irrtümer

dort nachgewiesen würden und daß er selbst von dort her
Kenntnis bekäme, warum derselbe ein Ketzer sein solle. Er
selbst möchte ja nicht in Irrtümer hineingezogen und
nicht ungehorsam gegen den heiligen apostolischen (d. h.
päpstlichen) Stuhl erfunden werden.

Dennoch sehen wir Friedrich eben jetzt schwanken, —
dem Gedanken Raum gebend, ob er nicht doch Luther abziehen lassen sollte, wie dieser selbst dazu bereit war. Und
wir müßten uns mehr wundern, wenn er dies nicht gethan
hätte, als wenn ers that. Oder konnte er denn wirklich
bei dem, was er für Luther bei Cajetan geltend machte,
sich selbst beruhigen, so lang er noch einfach auf demjenigen
hergebrachten, kirchlich frommen Standpunkt beharrte, der
ihm bis ins reifste Mannesalter sicher dünkte? Mochte
man auch von diesem Standpunkt aus über die Zulässigkeit
oder Unzulässigkeit mancher Sätze Luthers noch streiten:
Luther selbst hatte ja doch erkannt und anerkannt, daß
wichtige Lehren, die er angreife, in der Kirche der letzten
Jahrhunderte und der Gegenwart allgemeine Geltung be-
saßen, und hatte namentlich das offen ausgesprochen, daß
die höchsten kirchlichen Autoritäten die entscheidende Autorität in Glaubenssachen für ihn nicht mehr hätten, daß
Päpste und Conzilien irren können und man ihnen das
Zeugnis der heiligen Schrift entgegenstellen dürfe und müsse;
soeben hatte er vor Cajetan in Augsburg eine auf den
Ablaß bezügliche päpstliche Bulle abgewiesen, die in der
Kirche allgemein anerkannt war. Wer erst noch untersucht
haben wollte, ob Luther deshalb ein Ketzer heißen sollte,

der mußte selbst schon auf jenem Standpunkt wankend geworden sein, er konnte unmöglich mehr in dem sonst allgemein üblichen Sinne „dem heiligen apostolischen Stuhle
gehorchen". Andererseits — wie weit war Friedrich hierüber
sich selbst schon klar geworden? Und wie weit durfte er
dann als Fürst gehen, wie weit für sich und seine Universität Verantwortung auf sich laden? Wir müssen diese
seine Lage viel mehr, als man es meist zu thun pflegt,
uns vergegenwärtigen, um sein Verhalten zu begreifen und
zu würdigen. Welch schwere Ueberlegungen mußten damals
in der Stille bei dem Alles wohl erwägenden, bedachtsamen,
fromm gewissenhaften deutschen Fürsten vor sich gehen!

Gleich nachdem er jenes Antwortschreiben an Cajetan
gerichtet hatte, ließ Friedrich Luther zu einer Besprechung
der Sache mit Spalatin nach seinem Schlosse Lichtenberg
kommen. Als Luther dort jene Absicht aussprach, rieth
er nur, damit nicht zu sehr zu eilen. Jetzt erschien bei
ihm der päpstliche Kammerherr und sächsische Edelmann
Karl von Miltitz, den der Papst dazu ausersehen hatte,
ihm die goldene Rose zu überbringen und ihn zu Luthers
Auslieferung zu bewegen. Auch gegen ihn äußerte er sich
bereit dazu, diesen im Einverständnis mit ihm selbst ziehen
zu lassen. Doch das fand jetzt gerade Miltitz bedenklich.
Er fürchtete, Luther möchte anderswo eine Stätte finden,
wo er noch viel heftiger und gefährlich agitieren würde;
ein Gutachten der kurfürstlichen Räte sagt von Miltitz,
daß er selbst „gebeten, Seiner Kurfürstl. Gnaden wollt
Jenen nit weg lassen kommen, denn er mocht an andern

Orten die Sach weitläufiger und beschwerlicher machen,
denn unter Sr. Aurf. Gn. beschehen." Indem er, zumal
beim Bevorstehen der Kaiserwahl, den Kurfürsten zart be=
handeln und so aufs Begehren einer Auslieferung Luthers
ganz verzichten mußte, hoffte er diesen grade mit Hilfe
seines Landesherrn wenigstens zum Schweigen bringen zu
können. Luther sagte auch das Schweigen zu; dieses sollte
beiden Theilen auferlegt und inzwischen die Untersuchung
des ganzen Handels dem Erzbischof von Trier, einem Freunde
Friedrichs, übertragen werden. Ob der Papst dieses Ueber=
einkommen seines Gesandten genehmigen werde, stand
noch dahin.

Hiermit aber war nun bei Friedrich jener Gedanke an
Luthers Entlassung, so weit wir sehen, für immer abgethan,
während doch das von ihm noch gewünschte Schweigen
sich alsbald unmöglich zeigte und im fortgesetzten Streit
der Gegensatz seinen Höhepunkt erreichte. In seinen
offiziellen Erklärungen blieb er wesentlich bei der Haltung,
die er in jenem Brief an Cajetan angenommen hatte. In
seinem Innern müssen Luthers Zeugnisse nur immer festeren
Boden gewonnen haben.

Besonders bedeutsam sind für uns Worte, mit welchen
Luther damals (am 27. März 1519) seinem Kurfürsten den
Anfang einer Psalmenauslegung öffentlich dediziert hat. Er
könne, sagt er dort, sich nicht Anderen zur Seite stellen,
die durch eine solche Widmung sich einen hohen Patron
gewinnen oder ihn durch ihren eigenen Namen und Ruhm
verherrlichen dürften. Denn seine eigenen Leistungen seien zu

6

geringe; wiſſe er doch aus der heiligen Schrift, wie furchtbar
verantwortungsvoll es ſei, in der Kirche Gottes ſich hören
zu laſſen, auch halte ihn Nichts an dieſem Dienſte des
Wortes feſt, als der göttliche Wille. Und zu Friedrichs
Preis habe er von ſich aus Nichts beizubringen. Jeder-
mann wiſſe ja ſchon, was dieſer in Wittenberg für die
Wiſſenſchaften gethan; hier triumphiere jetzt die reine
Theologie Chriſti; Alles blühe unter ſeinem Schutze. Ganz
beſonders aber dankt ihm Luther für die Wohlthaten, die
er ihm ſpeziell erwieſen. Wie viel Mühen, Sorgen, Aufwand und Gefahren habe der ihm aus dem Ablaß er-
wachſene ungeheuerliche Handel ſeinen Landesherrn gekoſtet!
Dieſer habe viel mehr um ihn geſorgt, als er ſelbſt, der
unbedacht die Würfel geworfen habe. Er habe wohl ge-
hofft, von ſeinem Lehramt weg ſich in einen ſtillen Winkel
zurückziehen zu dürfen, und ſei bereit geweſen, zu leiden,
was die Gegner in brennendem Eifer ihm zudachten; die
hilfreiche Gunſt ſeines Fürſten ſei ihm zur Seite geblieben
und habe in Nichts nachgegeben. Daneben redet Luther
ehrerbietig vom Papſt, aber in der Weiſe, daß er Leo's
Verfahren gegen ihn auf die Lügen und Verleumdungen
Anderer zurückgeführt haben will. Dann erzählt er dem
Kurfürſten, was ihm Staupitz einſt aus einer Unterredung
mit dieſem mitgeteilt habe. Hiernach äußerte damals
Friedrich in einem Geſpräch über Predigten: diejenigen,
welche aus klugen und feinen menſchlichen Einfällen und
Ueberlieferungen beſtehen, bleiben doch immer merkwürdig
kalt und wirkungslos, denn auch den ſcharfſinnigſten menſch-

lichen Gedanken könne man immer wieder mit einem andern
umstoßen; die heilige Schrift allein rede mit einer solchen
Majestät und Kraft auch ohne unser Dazuthun, daß sie
einem das Bekenntnis abnötige: Nie hat ein Mensch so
geredet, das ist Gottes Finger, denn er lehrt nicht wie die
Schriftgelehrten und Pharisäer, sondern wie Einer, der
Macht hat. Und als Staupitz ihm freudig zustimmte,
reichte ihm Friedrich die Hand mit den Worten: „Ver-
sprich mir, daß du immer so denken wirst." Diese Geschichte,
schreibt Luther, habe ihn ganz in Liebe zu seinem Fürsten
hingerissen. Und was dieser von den menschlichen Gedanken
und Einfällen gesagt, das sehe man ja im Uebermaß bei
dem kläglichen Treiben der alten und neuen Scholastiker.

Oeffentlich sprach so Luther von seinem Kurfürsten
und über ihn, — ohne Scheu davor, daß er ihn hiermit
als Freund seiner eigenen Theologie hinstelle, — zugleich
mit mächtigem Wort ihn bei der Verehrung für die heilige
Schrift im Gegensatz gegen alles Menschenwesen festhaltend.
Und der Fürst ließ die Dedikation sich gefallen und laut
in die Welt hinausgehen.

Wie Friedrich an solchen Publikationen Luthers nicht
bloß selbst sich freute, sondern gern auch andern damit
eine Freude machte, zeigt uns eine alte Notiz aus der
Stadt Grimma. Als Friedrich dort im Jahre 1519 die
Karwoche und Ostern wieder in der Stille zubrachte, fand
er beim Prior Wolfgang Zeschau, seinem dortigen Beichtvater, ein Buch mit einer Predigt Luthers; er kaufte das
Buch zu einem schönen Preis, um es einem Andern zu schenken.

Inzwischen flammte das Feuer, das Miltitz im Einverständnis mit Friedrich zu dämpfen meinte, neu auf. Ja
schon während er jenen Versuch mit scheinbarem Erfolg
machte, that andererseits Luthers Hauptgegner Eck das
Seinige, um diesen in eine Disputation mit hineinzuziehen,
die in Leipzig öffentlich abgehalten werden sollte und
durch neue Streitschriften vorbereitet wurde. Sie fand
statt vom 27. Juni bis 16. Juli 1519.

Das wichtigste Ergebnis der Disputation für die Ent-
wicklung des reformatorischen Kampfes war, daß Luther
sich zu gewissen Sätzen des in Constanz verbrannten Hus
zu bekennen wagte, welche das Constanzer Conzil aus-
drücklich als ketzerisch verdammt hatte. Er ließ hiermit auch
diejenige kirchliche Autorität nicht mehr gelten, welche die
Gegner der päpstlichen Allgewalt in der katholischen Kirche
eben jener als die höchste entgegengestellt haben wollten,
nämlich eben die der allgemeinen Conzilien.

Zu gleicher Zeit verschwand für den Papst der Haupt-
grund, um des willen er immer noch besondere Rücksichten
auf Kurfürst Friedrich genommen und vermöge solcher Rücksicht im Verhalten gegen Luther sich Zügel angelegt hatte.
Denn gerade in den ersten Tagen jener Disputation wurde
die Kaiserwahl vollzogen, für welche er den Kurfürsten
seinen Absichten günstig zu stimmen bemüht war. Karl V.
war gewählt. Jene Rücksichten hatten weiterhin keinen
Sinn mehr. Der äußerste Schritt gegen Luther, nämlich der
förmliche Bannfluch über ihn, stand in naher sicherer Aussicht.

Für des Reformators Geist und Wort brach damit

vollends die Zeit der gewaltigsten, stürmisch fortschreitenden
Erhebung und zugleich der tiefsten und reichsten Ent=
faltung an.

In jenem Jahr erschien namentlich noch eine Reihe
von Sermonen, worin er diejenige Buße lehrte, welche
wahrhaftig Vergebung der Sünden gewinne, das Sakra=
ment des Altars, zu welchem kein Meßopfer gehöre und
wo den sogenannten Laien der Kelch, den die römisch=
katholische Kirche ihnen versagte, gereicht werden müsse,
von Bedeutung und Recht des Bannes, der einen Un=
schuldigen nimmermehr von der innern Gemeinschaft mit
dem Heiland ausschließen könnte, u. s. w. Das folgende
Jahr brachte die Schriften, die man mit Recht als die
reformatorischen Hauptschriften zu bezeichnen pflegt. Haupt=
schrift war an sich und vollends für einen Fürsten wie
Friedrich ganz besonders die „an den christlichen Adel
deutscher Nation": mit ihrem Zeugnis vom allgemeinen
Priestertum der Christen, mit ihrer Darlegung der schweren
kirchlichen Schäden und Aergernisse, mit ihrem Aufruf an
die Träger der weltlichen Gewalt, daß sie da als Mit=
christen und Mitpriester in der Not mithelfen, um vor
Allem ein recht freies Conzil zusammenzubringen, schließlich
auch mit der Belehrung an die von den Päpsten „genarrten"
Deutschen, daß sie ihr Kaisertum nicht etwa der Gunst
der Päpste verdanken müßten, weil diese es den griechischen
Kaisern abgenommen und an die deutsche Nation gebracht
hätten, daß vielmehr das rechte römische Reich längst
teils durch die Gothen, teils durch die Türken zerstört sei

und die Deutschen ihr Reich vielmehr als ein von Gott ihnen verliehenes anzusehen und demgemäß christlich zu führen haben.

Daneben behielt Luther Zeit, Kraft und lebhaften inneren Trieb zu positiven, biblischen, praktischen, auch ganz friedlich gehaltenen Ausführungen von Gottes Heilsweg und vom rechten Leben im Heilsstand, — so in Predigten, biblischen Vorlesungen, erbaulichen Schriften. Auch trägt eben auch unter jenen reformatorischen Hauptschriften eine, nämlich die von der Freiheit eines Christenmenschen, in Inhalt und Darstellung selbst ganz den Charakter eines unmittelbar aus dem tiefsten innern Quelle strömenden, rein positiven, freudigen, lebendigen Ergusses.

Aber wo man ihm das Wort der Wahrheit verbieten und gar mit bloßen Machtsprüchen und äußerer Gewalt erdrücken wollte, da riß es ihn zu Entgegnungen fort, die sich keine Schranken mehr setzen ließen. So brach er im Februar 1520 auch gegen einen deutschen Bischof, den von Meißen, los, als dieser seinen Sermon, worin er den Kelch für die Laien gefordert, durch ein Dekret mit Beschlag belegte. Für seinen Gönner Friedrich mußte dies besonders unerwünscht sein: es war der erste Fall, daß auch ein deutscher Kirchenfürst offiziell gegen Luther einschritt, und dazu nun derjenige zu welchem Friedrich als Landesherr die engste Beziehung hatte.

Die päpstliche Bannbulle über Luther, schon am 15. Juni ausgefertigt, erschien endlich in Deutschland und den sächsischen Landen gegen Ende Septembers. Sie trug den

claſſiſchen päpſtlichen Stil in geſteigertem Tone, Gott an-
flehend, daß er ſeinen Weinberg ſchütze vor dem Eber, der
ihn zerwühle, dem wilden Tier, das ihn abweide, — Gott
zum Zeugen anrufend für alle die väterliche Liebe, welche
bei dieſem verſtockten Ketzer vergeblich geweſen ſei, —
ſchließlich nicht bloß ihn, ſondern auch alle ſeine Gönner
mit der verdienten Strafe bedrohend. Luther antwortete
mit einer Schrift „wider die Bulle des Antichriſts", mit
der erneuten Appellation an ein Conzil, und weiter am
10. Dezember mit der feierlichen Verbrennung der Bulle,
die das ewige Feuer verzehren möge, weil ſie den Heiligen
des Herrn (d. h. Chriſtum) betrübt habe.

Inzwiſchen hatten um den Anfangs ganz vereinzelten
Zeugen und Streiter ſchon begeiſterte Schaaren von Schülern
und von Mitſtreitern in der deutſchen Nation ſich erhoben.
Kräftige adelige Herrn, vornehmlich Sickingen, boten ihm
auch äußeren Schutz an. Die Bewegung und Erſchütterung
ging allmählich durch alle Schichten unſerer Nation.

Dem allen gegenüber behauptete nun Friedrich eine
gleichmäßige, ruhige Haltung und Zurückhaltung, wie ſie
nur einem Fürſten von ſeiner eigentümlichen Geiſtesart und
zugleich Geſinnung möglich war. Gleich blieb er ſich auch
in den offiziellen Aeußerungen, denen er ſich doch nicht ent-
ziehen konnte; er behielt in ihnen weſentlich dieſelbe Stellung,
wie ſchon bei jener Antwort an Cajetan 1518; ſie regten
zu Fragen an, die gern auch wir noch an ihn richteten,
während doch er eines weiteren Eingehens auf ſie ſich
gefliſſentlich enthielt.

Die Leipziger Disputation mußte ihm sehr unerwünscht
sein, wir hören jedoch von keinem Versuch, den er gemacht
hätte, Luther von ihr abzuhalten. Mit Spannung wartete
er auf Berichte über ihren Verlauf; in den Vorkehrungen,
um solche schnell zu bekommen, war etwas versäumt worden;
er befand sich ja damals in Frankfurt bei der Kaiserwahl.
Durch jenen Verlauf ließ er in seiner Stellung zu Luther
sich nicht beirren. Er hatte auch zur Zeit der Disputation
mit Miltitz über eine Vernehmung Luthers durch den Erzbischof von Trier noch weiter verhandelt und auch nachher
noch die Verhandlung fortgesetzt, indem Miltitz nicht weniger
nach Ruhm eigenen Erfolges in diesem Handel, als Friedrich
nach einer friedlichen Beilegung desselben begehrte. Als
aber Miltitz selbst Luther zum Erzbischof bringen und
Luther auch hierauf mit Zustimmung seines Fürsten eingehen wollte, erklärte Friedrich vielmehr wieder, er solle im
sichern Wittenberg bleiben.

Ueber jenen Sermon, in welchem Luther den Abend-
mahlskelch für die Laien forderte und so jenes Dekret des
Meißener Bischofs hervorrief, entsetzte sich auch Friedrichs
Vetter, Herzog Georg von Sachsen. Er schrieb an Friedrich: er, der älteste, christliche Kurfürst, möge doch nicht
durch eine Duldung solch hussitischer, böhmischer Ketzerei
seinen Landen und der ganzen Christenheit schaden. Friedrich aber lehnte wieder, wie in anderer Weise dem Cajetan
gegenüber, ein Einschreiten ab, weil das nicht seine Sache
sei. Hier berief er sich darauf, daß ja schon päpstliche
Commissäre damit beschäftigt seien, und hier wie dort be-

merkte er zugleich, daß er doch von verständigen Männern auch andere Urteile über Luthers Lehre höre. Wohl aber mußte Spalatin mit Bezug auf jenes Meißnische Edikt Luther sehr angelegentlich vor beleidigenden Ausfällen auf diesen deutschen Bischof warnen, was freilich wenig Erfolg hatte. Auch wurde Luther veranlaßt, Briefe an den Erzbischof Albrecht von Mainz und den Bischof von Merseburg zu richten, um sie zu versichern, daß er Belehrung anzunehmen bereit sei, und sie um unbefangene Prüfung seiner Sache zu bitten: das that er in Ehrerbietung, übrigens mit würdigem, festem Ausdruck seiner eignen Ueberzeugungen. Sein Kurfürst hoffte ohne Zweifel, wenigstens in Deutschland bei hohen kirchlichen und weltlichen Herrn noch einen Boden für eine ruhige Beurteilung und Schlichtung der Streitfragen finden zu können, so wenig dafür von Rom her zu hoffen war.

Von Rom her erschien nun auch schon die ganze Wittenberger Universität und Friedrich selbst schwer bedroht. Dieser schickte deshalb kurz nach Ostern Spalatin nach Wittenberg, um für alle Fälle mit den dortigen Juristen sich zu besprechen. Aus Rom selbst erhielt er nach Anfang Juli's von dem dort befindlichen sächsischen Edelmann von Teutleben und von einem befreundeten Kardinal, Raphael Riario, die dringendsten Warnungen. Er antwortete nach reiflicher Ueberlegung erst mehrere Wochen nachher, während ohne Zweifel er es war, durch welchen in derselben Zeit Luther nun auch bestimmt wurde, den Kaiser in einem Briefe, der dem Spalatin zur Correktur vorgelegt war, um Schutz anzuflehen.

Da wiederholte denn Friedrich dem Cardinal gegenüber seine Erklärung, daß er es nimmermehr seine Sache sein lasse, Luthers Schriften oder Predigten zu schützen, und seine Versicherung steten Gehorsams gegen die heilige katholische Kirche — übrigens ohne wieder den „heiligen apostolischen Stuhl" (oben S. 39) hiebei zu nennen. Wieder sagte er von Luther, daß dieser billigen, unverdächtigen Richtern sich stellen werde, und verwies auf den Auftrag, den, wie er höre, der Erzbischof von Trier in dieser Sache erhalten habe.

Gleiches schrieb er an Teutleben, fährt dann aber in seinem Brief an ihn fort, er wolle mit ihm, welchem er durchs gemeinsame Vaterland verbunden sei, ein wenig freier reden. Ihm stellt er dann vor, wie jetzt in Deutschland die Stimmung sei, wo bei vielen trefflichen, weisen Männern eine reiche Gelehrsamkeit und Wissenschaft blühe und wo jetzt auch die Laien die heilige Schrift treiben und zu ihrem Verständnis kommen. „Hier", sagt er (lateinisch, wie im ganzen Brief), „hier hat Luthers Lehre so weit Wurzeln getrieben, daß, wenn man ihn nicht mit wahrhaftigen und festen Beweisgründen und klaren Zeugnissen der heiligen Schrift widerlegt, sondern gegen ihn nur mit den Schrecken der kirchlichen Gewalt vorgeht, die Sache nicht ohne die heftigsten und verderblichsten Unruhen scheint ablaufen zu können." Die Worte von den Beweisgründen und Schriftzeugnissen klingen merkwürdig zusammen mit denen des Reformators selbst in Worms am 18. April des nächstfolgenden Jahres: „Es sei denn,

daß ich durch Zeugnisse der Schrift oder durch helle Gründe
widerlegt werde, — so bin ich überwunden durch die von
mir angeführten heiligen Schriften und mein Gewissen ist
gefangen in Gottes Wort." Was aber hat Friedrich be=
stimmter dabei gedacht, indem er eine solche Widerlegung
forderte? Wie sollte festgestellt werden, ob eine solche
wirklich erfolgt sei? wie auch er selbst ein Urteil darüber
sich bilden? Mußte nicht doch hiefür noch irgend ein
höchstes kirchliches Tribunal anerkannt, und wie sollte dann
die „Unverdächtigkeit" der dort Richtenden nachgewiesen
werden? Oder wollte Friedrich für Luther volle Freiheit
haben, sich nach dem eigenen Gewissen überwunden zu geben
oder nicht? wollte er auch sein eigenes Urteil darüber, ob
derselbe wirklich überwunden sei, schließlich nach seinem
eigenen besten Wissen und Gewissen sich bilden? Ohne
Zweifel hatte Friedrich die schwerwiegenden Worte selbst
noch nicht klar so weit durchdacht. Was ihn aber zu
ihnen drängte, war jedenfalls der tiefe, innerste Eindruck
von Wahrheit, den er aus Luthers Predigt empfangen
hatte, die eigene Gewißheit davon, daß diese Wahrheit
noch nicht widerlegt sei, und das religiöse, gewissenhafte
Verlangen darnach, daß hier die echte, reine, evangelische
Wahrheit Bestand behalte. Wir gedenken bei seinem
Eifer um diese Wahrheit einer Erzählung Spalatins: als
ein Glanz vom Evangelium angegangen war, habe der
Kurfürst einmal gegen ihn geäußert, „er hätt's allwegen
dafür gehalten, es sollten die Sachen des Glaubens so rein
sein als ein Aug'".

Während Friedrich so jede eigene Teilnahme an den Luthern mit Recht oder Unrecht vorgeworfenen Zetzereien abwies und nur eben ordentliches Recht ihm sichern wollte, wurde seine persönliche Beziehung zu dem Verketzerten, statt daß er auf sie verzichtet hätte, vielmehr sichtlich nur noch enger. Dankbar nahm er von ihm die Auslegung des göttlichen Wortes, das neu durch Luther verkündete Zeugnis von Gottes freier Gnade, an, während Luther seinerseits den eigenen warmen Dank gegen seinen Schutzherrn eben durch solche Gabe abzustatten bedacht war. Nur handelte es sich hiebei für Beide wesentlich eben um die positiven, lebendigen, praktischen Zeugnisse von den evangelischen Grundwahrheiten. Das Urteil über die Consequenzen, welche Luther gegen bisher allgemein anerkannte kirchliche Bräuche und Ordnungen zog, mochte der Kurfürst sich noch offen halten, ja er hielt diese Fragen sich überhaupt noch möglichst ferne.

Wir erwähnten schon oben, wie Luther im März 1519 ihm eine Psalmenauslegung gewidmet hat, — eine Arbeit, die dann lange noch weiter sich hinzog. Seine Auffassung der christlichen Heilslehre hatte er am bestimmtesten und kräftigsten in seiner zur gleichen Zeit erscheinenden Auslegung des Galaterbriefes darzulegen. Auch mit ihr wünschte er zugleich seinem Fürsten gedient zu haben. Er brachte das diesem selbst gegenüber im Mai des Jahres zu eigentümlichem Ausdruck. Die ihm längst zugesagte „Kappe" (oben S. 30) war nämlich noch nicht angelangt. Da erinnerte Luther in seiner alten gemütlichen Weise den Fürsten

daran, während wohl der Rat Pfeffinger Geschäfte halber
oder wegen seiner Langsamkeit im Geldausgeben es ver=
zögert habe. Er bat aber jetzt um zwei Kappen, eine
weiße und eine schwarze, und motivierte dies: „Auf diese
Notdurft bitt ich nun noch demütig, so der Psalter eine
schwarze Kappe verdienet, wollt Euer Fürstl. Gnaden den
Apostel auch eine weiße verdienen lassen".

Kurz vorher vernehmen wir auch von einer durch
Spalatin an Luther gerichteten Bitte Friedrichs selbst,
ihm eine Bibelstelle auszulegen, nämlich Jesu Wort Joh. 6,
37—40: „Alles, was mir mein Vater giebt, kommt zu mir
u. s. w." Die Bitte erinnert uns an die Aeußerung Spala=
tins über seinen Fürsten, daß er gar gern in Gottes Wort
gelesen, namentlich die Evangelien durchlesen, die Sprüche
Jesu allen andern vorgezogen und ganz besonders Jesu
Wort „ohne mich könnt ihr Nichts thun" (Joh. 15)
meisterlich zu führen verstanden habe. Luther schickte ihm
eine sehr eingehende Auslegung und zwar, wie auch jene
Auslegung der Psalmen und des Galaterbriefs, in latei=
nischer Sprache.

Im Sommer jenes Jahres lag Friedrich nach seiner
Rückkehr von Frankfurt, wo die Kaiserwahl stattbatte,
längere Zeit schwer krank; deshalb verfaßte Luther, von
Spalatin darum angegangen, für ihn eine längere Trost=
schrift (er schrieb sie lateinisch, Spalatin verdeutschte sie
dem Fürsten): eine rein und tief erbauliche Schrift, und
doch auch sie nicht ohne einen bedeutsamen polemischen
Wink in ihrem Titel. Luther betitelte sie nämlich „Tessa-

radecas consolatoria", d. h. tröſtliche Vierzehn: wie man
in der katholiſchen Kirche vierzehn Heilige zu beſonderen
Nothelfern gemacht hatte, zu denen man betete und bei
denen man Troſt ſuchte, ſo wollte dagegen er ſeinem Fürſten
vierzehn rechte göttliche Tröſtungen vorführen. Auf Spalatins Antrieb ließ dann Luther dieſe Schrift auch drucken.
Friedrich nahm dieſelbe ſo freundlich auf, daß Luther, wie
er ſagt, „einen Mut ſchöpfte", eine andere Schrift den
„Sermon von den guten Werken", ſeinem Bruder Johann
zuzueignen, weil ja wohl, „wie das fürſtliche Geblüt, ſo
auch der fürſtliche Mut in gnädiger Sänfte und Gutwillig-
keit gleich und eins ſei".

Um dieſelbe Zeit, wo Luther jene Schrift an ſeinen
Fürſten gehen ließ, forderte dieſer ihn durch Spalatin auf,
eine Poſtille zu ſchreiben, d. h. die kirchlichen Abſchnitte
der Evangelien und apoſtoliſchen Briefe für die Kanzel
auszulegen. Ein ſolches Werk ſollte zunächſt den Geiſtlichen
dienen, wurde ſo auch in lateiniſcher Sprache von Luther
begonnen; nachher erwuchs auf dieſem Grunde ſeine Kirchen-
poſtille. Friedrich, dem Luther die Anfänge des Werkes
(im März 1521) widmete, hatte, wie Luther in dieſer
Widmung ſagt, die vortreffliche Abſicht, ihn von den
ſtürmiſchen biſſigen Streitſchriften zu heiligen, friedlichen
Studien wegzurufen, und Luther ſelbſt dankt Gott dafür,
zu einem ſolchen Werke des Friedens ſich gürten zu dürfen.
Aber Gegenſtände des Streites waren auch hier für ihn
unvermeidlich. Mußte er doch, wie er in der Zuſchrift
weiter bemerkt, mit ſeiner ſchlichten und reinen Auslegung

des evangelischen Sinnes den so weit verbreiteten albernen Glossen, Träumereien und Fabeln Anderer entgegentreten.

Wir hören auch wiederholt davon, daß der Kurfürst Schriften Luthers wohlgefällig an Andere weitergab. So dankt ihm sein Bruder Johann in einem uns noch erhaltenen Brief aus dem Januar 1520 „ganz freundlich" für ein ihm zugeschicktes „Büchlein, welches Martinus gemacht"; es war wohl ein jener Trostschrift noch vorangegangenes. Und nach Briefen Friedrichs an Johann aus dem August dieses Jahres sandte er ihm „Dr. Martinus Büchlein, so viel ich der itzunder neue habe", wie denn Johann ihm den Wunsch aussprach, Alles, was jener mache, zu bekommen. Dazu bemerkt er über Luther (am 13. August): „Ich besorge, sie werden mir den Mönch vertreiben, denn sie wollen ihn, als man sagt, bannen und alle die ihm anhängig sein. Gott füge es zum Besten".

Sogar von jener Schrift an den christlichen Adel deutscher Nation, von welcher Luther selbst bekannte, daß sie „voll sei von Freiheit und Ungestüm", durfte er sagen, daß sie auch seinem Hof „nicht ganz misfalle". Und daß er durch sie wenigstens nicht Ungnade sich zugezogen habe, konnte er gleich darauf aus einem neuen fürstlichen Geschenk von Wildbret sehen, wovon er dankend an Spalatin schreibt, daß der erlauchteste Fürst ihn, den Mönch, damit füttere. Auf dieselbe bezieht sich wohl Friedrichs Brief an Johann vom 25. August: „Eu. Lieb schicke ich allhie ein Büchlein, hat Dr. Martinus itzunder gemacht, darinnen E. L. viel seltsames Dings finden werden. Der allmächtig Gott gebe daß es gut werde. Denn wahrlich es kommen Dinge an Tag, die viel Leute verbergen. Der allmächtig Gott verleihe uns armen Sündern, daß wir davon gebessert und nicht geringert werden".

Bei diesen Beziehungen zwischen Friedrich und Luther, die durch Spalatin ununterbrochen vermittelt und zugleich gepflegt wurden, möchte es befremden, daß man nie auch von einem persönlichen Zusammentreffen Beider Etwas zu hören bekommt. Ein solches hat in der That nicht statt-gefunden, so unbegreiflich, ja unglaublich, dies manchen Neueren schien. Luther selbst erklärt später einmal sehr bestimmt, wo er aus fremdem Mund Etwas über Friedrich anführt: „Denn ich seine Stimm mein Lebenlang nie gehöret, noch sein Angesicht gesehen, ohne zu Worms auf dem Reichstage (1521)". Und Spalatin berichtet über Friedrichs Verhältnis zu Luther: „Wiewohl er Nichts mit ihm jemals umging, noch hatt' er ihn gewißlich gnädig-lich lieb und wert". Das war nur möglich, wenn Friedrich ein persönliches Zusammentreffen und Zusammensein absicht-lich vermied. Die Absicht erklärt sich aus seiner Scheu, denen, welche ihm eine Genossenschaft mit dem Ketzer vor-warfen, noch diesen weiteren und ganz besonderen Anlaß zu geben. Möglich, daß er von dem überwältigenden Ein-druck, den Luthers Geist und Wort vollends bei einem persönlichen Zusammensein machen möchte, auch für die eigene Unbefangenheit und Unabhängigkeit Etwas be-fürchtete, die er, zumal als Fürst, in dem schweren Handel zu bewahren hatte.

Noch viel befremdlicher muß Einen, der in Friedrichs
Lage und Geistesart sich nicht hineinzuversetzen weiß, die
Anhänglichkeit erscheinen, die er bei aller inneren Teilnahme
für die neue evangelische Heilspredigt und aller Liebe zum
reinen Schriftwort, doch zugleich andererseits noch für
hergebrachte, ihm bisher teure, mit der evangelischen Lehre
aber nicht mehr vereinbare kirchliche Bräuche und Vor-
stellungen bewahrte.

Sie zeigte sich vornehmlich bei seiner Wittenberger
Schloßkirche.

Zwar, daß er den Meßgottesdienst mit dem angeblichen
Opfer des Leibes Christi nicht abthat, ist leicht begreiflich.
Auf ein praktisches Vorgehen darin drang auch Luther
damals noch nicht.

Wir hören dann weiter, im August 1519, daß dort
zwei Priester und acht Chorsänger neu bestellt wurden für
neue, regelmäßige, allwöchentliche Gesänge zu Ehren der
Passion Christi, welche von Seiten Luthers, den Spalatin
um ein Gutachten anging, mißbilligt wurden. Luthers
Ausstellungen bezogen sich jedoch nur auf die Vermehrung
trockener und lästiger äußerer Zeremonien, ohne daß Leute
da wären, denen sie nützen würden. Die Gesänge selbst
zeichneten sich vor den andern im Gottesdienst üblichen schon
dadurch aus, daß sie nur Gott und Christus, nicht mehr
Maria und die Heiligen anriefen.

Nur um so befremdlicher aber ist, daß Friedrich nicht
bloß bei der Hochschätzung seiner Reliquien und ihrer jähr-
lichen feierlichen Schaustellung, sondern auch bei seinem

8

Eifer für die Mehrung dieses Schatzes unverrückt verblieb.
Wir erwähnten oben (S. 29) der Aufträge, die er kurz
vor Luthers Thesenanschlag dem Staupitz deshalb gegeben
hatte. Aus dem folgenden Jahre, 1518, wird von einer
für ihn besonders wertvollen Erwerbung berichtet: es
war der Arm eines heiligen Friedrich, weiland Bischofs
von Utrecht, der dort seit sieben Jahrhunderten im Grabe
ruhte. Als man dieses feierlich öffnete, um den Arm ab-
zulösen und herauszunehmen, waren die Gebeine, wie ein
dortiger Domherr an Spalatin berichtete, noch wunderbar
unversehrt und der Gruft entquoll ein süßer Geruch. Die
dortige Bürgerschaft, welche gegen die Weggabe des Arms
protestierte, beschwichtigte der Kurfürst durch Zusendung
von Reliquien der heiligen Bonifatius und Willebrod. Im
Jahr 1519 brachte sodann Miltitz auch zwei schon aus
dem Jahr 1516 stammende päpstliche Bullen, betreffend
die Verehrung jener Reliquien und die daran geknüpften
Verheißungen; für jede der beiden hatte der Kurfürst Alles
in Allem 700 Goldgulden zu bezahlen. Von Spalatin
haben wir noch eingehende amtliche Verzeichnisse und Rechnungen über den Schatz. Die Zahl der heiligen Partikeln
war hiernach im Jahr 1520 auf 19013 gestiegen, nachdem
im letzten Jahr noch 361 dazu gekommen waren; statt der
früheren acht waren es jetzt zwölf Gänge. In jenem Jahr
erschien auch noch eine neue gedruckte Ankündigung der
dazu verheißenen Ablässe. Ferner bietet uns das Weimar-
sche Archiv noch eine reiche Anzahl großer Federzeichnungen
dar, welche ähnliche Gegenstände wie jenes Heiligtumsbuch

vom Jahre 1509 behandeln und zwar fast lauter solche,
die dort noch nicht enthalten sind. Dieselben stammen so
offenbar aus den darauffolgenden Jahren und waren wohl
dazu bestimmt, einer Fortsetzung jenes Buches zur Grund=
lage zu dienen. Bei Friedrich waltete hier nicht bloß eine
gewisse Kuriositätensucht fort, sondern eine Anhänglichkeit
an seine Heiligtümer, die bei ihm Herzenssache war. So
schrieb er damals vor seiner Abreise zur Kaiserkrönung an
seinen Bruder Johann: „Morgen will ich, ob Gott will,
nach Wittenberg ziehn und meinen Urlaub von allen lieben
Heiligen nehmen".

Doch die Treue Friedrichs in dem, was er mit Bezug
auf Luther für recht erkannte, ließ sich weder durch diese
Anhänglichkeit am Alten, noch durch die zunehmenden
Verwickelungen und Gefahren der Gegenwart ins Wanken
bringen.

Wir stehen an dem Zeitpunkt, wo jene entscheidende
päpstliche Bannbulle auch an ihn gelangte.

Friedrich war mit stattlichem Gefolge auf der Reise
nach Aachen zu der Kaiserkrönung Karls V., die auf den
23. Oktober 1520 angesetzt war, mußte jedoch unterwegs
zurückbleiben wegen leiblicher Schwäche und Krankheit.
In Köln trug er dann dem neuen, aus Aachen kommenden
Kaiser am Allerheiligenabend bei der Messe das Reichs=
schwert vor. Am folgenden Sonntag, den 4. November,
überreichte ihm dort der päpstliche Legat Caraccioli, zu
welchem der andere Legat Aleander sich gesellte, ein päpst=
liches Breve. Im Namen des Papstes forderten sie ihn

auf, entweder selbst an dem gebannten Ketzer die Strafe
zu vollziehen oder ihn zunächst wenigstens gefangen zu
setzen, oder aber sofort ihn dem Papst auszuliefern und
seine Schriften verbrennen zu lassen. Das päpstliche Schreiben
an Friedrich versuchte diesmal noch mit anerkennenderen,
ja schmeichelhafteren Worten, als wir bis dahin je von
päpstlicher Seite gegen ihn in dieser Sache vernommen
haben, ihn zu solchem Einschreiten gegen Luther umzu-
stimmen. Ja der Papst sagt hier, es sei ihm durch die
gewichtigsten Männer bezeugt worden, daß Friedrich, entsprechend seiner ausgezeichneten Klugheit, seiner Recht-
gläubigkeit und Frömmigkeit und dem Adel seines Geistes
und seines stets durch treue christliche Gesinnung ausgezeichneten Geschlechtes allzeit den bösen Anschlägen Luthers
Feind und ihm nie hilfreich, nie günstig gewesen sei; lange
fährt er mit Lobsprüchen hierüber fort, weiß nicht, ob er
in solchem Verhalten mehr die Weisheit oder mehr die
Religiosität Friedrichs anerkennen solle; er wünscht schließlich nur, daß derselbe auf so trefflichen Anfang ein gleiches
Ende folgen lassen und sich und sein Geschlecht von jedem
Flecken reinhalten möge. Sein Legat Aleander fügte
gleichen schönen Worten einen noch stärkeren Hinweis auf
die Gefahr bei, welche durch Luther wie einst durch Hus
dem ganzen christlichen Gemeinwesen und speziell Deutschland
drohe; ja er erinnerte daran, daß die Griechen das römische
Reich, das dann an die Deutschen gekommen, bei ihrem
Abfall vom römischen Papste verloren haben.

Friedrich nahm, ehe er antwortete, die Gelegenheit

wahr, auch noch den gleichfalls in Köln anwesenden Erasmus über Luthers Sache zu hören. Dieser bestätigte ihm
namentlich, daß Luther noch nicht wirklich widerlegt, die
Bannbulle eines milden Stellvertreters Christi unwürdig,
auch bei den Gegnern Luthers größtenteils unreine Motive
mit im Spiel seien, brachte übrigens zu den Hauptgedanken,
die uns schon bisher bei Friedrich begegneten, Nichts
Neues bei.

Friedrich ließ dann seine Räte den Legaten eine Antwort geben, die er auch an die Wittenberger Universität
und nach Nürnberg mitteilte. Sie blieb einfach auf demjenigen Standpunkt, den er schon bisher bei gleichem Anlaß eingenommen: der Kurfürst, sagte sie, habe an Luthers
Sache keinen Teil, sei aber auch jetzt noch nicht dessen ver-
gewissert, daß die Schriften desselben so widerlegt seien,
um das Feuer zu verdienen, und müsse bitten, daß der bisher gegen ihn eingeschlagene Weg verlassen und seine Sache
billigen, gelehrten, frommen und unverdächtigen Richtern
an einem recht und billig bestimmten Orte zur Verhandlung
übergeben werde. Die Fragen, was zu einer Widerlegung
gehören solle, welche Gerichte nach dem bestehenden Rechte
die zuständigen seien, gegen welche man Verdacht hegen
oder nicht hegen dürfte u. s. w., blieben in der Antwort
wieder unberührt. Wir stehen hiermit wieder bei den
Punkten, wo für Friedrich, wenn er so für Luther einzutreten
wagte, nicht bloß die streng päpstlichen, sondern auch die
bisher herrschenden katholisch kirchlichen Anschauungen überhaupt gründlich erschüttert sein mußten. Mit Bezug auf

den Richterstuhl, vor welchen Luther zu stellen wäre, ent=
gegnete Aleander den fürstlichen Räten: ihr Fürst würde es
ja wohl auch schwerlich sich gefallen lassen, wenn einer seiner
Unterthanen sich statt seiner den König von Frankreich
oder sonst einen ausländischen Herrscher zum Richter er=
wählen wollte.

Weiter hatte Friedrich den Legaten Nichts zu sagen.
Von ihnen äußerte einer gegen Erasmus, sie werden Jenen
schon noch kriegen, indem er die Geberde eines mit der
Ruthe drohenden Schulmeisters machte.

Das war der letzte derartige Versuch des römischen
Stuhles bei Friedrich gegen Luther.

Die päpstliche Bannbulle wurde im Kurfürstentum
Sachsen ignoriert. Luther aber erhielt durch Spalatin
die Weisung, die einzelnen darin verdammten Artikel noch
in einer besonderen Schrift zu rechtfertigen. Er that das
sofort lateinisch und deutsch. Die lateinische Bearbeitung
dedizierte er einem hochgestellten kurfürstlichen Rat, Fabian
von Feilitzsch, als seinem „Patron in dem Herrn". Er sprach
in seiner Schrift fest und scharf, ja verschärfte zum Teil
seine Sätze noch. Friedrich aber war sichtlich befriedigt.
Er schickte sie seinem Freund Tucher (vgl. oben S. 36) mit
den Worten zu: „Wir haben gnädig Meinung und weil
wir Euch für einen guten Lutherer vermerkt, nit unterlassen
wollen, ein Büchlein zu überschicken, darin Luther Unter=
richt thut auf die Artikel, so in der päpstlichen Bullen
angezeigt sein".

Sogar nach Luthers äußerstem Akt gegen den Papst,

seiner Verbrennung der Bulle am 10. Dezember, wird keine
ungnädige Aeußerung Friedrichs gegen ihn laut.

Der junge Herzog Johann Friedrich, der seinem Oheim,
dem Kurfürsten, so besonders nahe stand, fühlte sich dem
Reformator Luther schon so verbunden, daß er ihn seinen
geistlichen Vater nannte. Luther wollte damals auch ihm,
wie zuvor seinen Vater Johann und dem Kurfürsten, eine
Schrift dedizieren, nämlich eine Auslegung des Lobgesangs
der Maria, die dann im folgenden Jahr als eine seiner
köstlichsten Arbeiten erschienen ist. Dieser schrieb nun am
20. Dezember an Luther, sprach seine Freude darüber aus,
daß er sich durch die Bulle nicht habe abschrecken lassen,
und teilte ihm von seinem Oheim Friedrich, an den er
Luthers halber sich gewendet hatte, folgende Zeilen mit:
„Ich habe Euer Liebe Schreiben, Dr. Martinns Luther
belangend, alles Inhalts vernommen und Solches freundlich
von E. L. vermerkt; E. L. sollen auch nit zweifeln, ich
will mir die Sache, so viel möglich und sich leiden will,
lassen befohlen sein".

Noch aber hatten Luther und sein Kurfürst der päpstlichen Entscheidung gegenüber erst einer andern entgegen-
zusehen, nämlich der des deutschen Reiches unter seinem
neuen Oberhaupte. Denn diese war, auch wenn man treu
an die althergebrachten kirchlichen Anschauungen sich hielt,
nicht etwa schon mit jener notwendig gegeben. Luther
hatte an ein Conzil appelliert. Und daß ein Conzil der
gesamten, d. h. der abendländischen Christenheit eine noch
höhere Instanz als der päpstliche Stuhl sei, das glaubten

bis dahin auch gut katholische Christen, das behaupteten
die großen Konzilien des vorigen Jahrhunderts, dafür war
ohne Zweifel auch die große Mehrheit der deutschen Reichsstände und deutschen Nation. Der neue Kaiser Karl hielt
sich wenigstens seine Stellung zwischen den hier obwaltenden
verschiedenen Richtungen frei. Diejenigen freilich, welche,
wie Luther und wohl auch Kurfürst Friedrich, in ihm,
dem Enkel Maximilians, einen guten Deutschen zum Ober-
haupt gewonnen zu haben meinten, mußten sich darin
bitter getäuscht sehen. Er, der spanische Monarch, verstand sogar das Deutsche so schlecht, daß er sich die Be-
schlüsse seiner Reichsstände zu Worms ins Französische
übertragen lassen mußte, und in seinem politischen Verhalten
ließ er sich ganz durch die Rücksicht auf seine eigene Herrschaft, die zunächst die spanische war, bestimmen. Aber
eben die politischen Interessen erforderten für ihn jene
Stellung Päpsten gegenüber, die eifersüchtig, und gar im
Bunde mit Frankreich, sein Machtgebiet bedrohten. Er
und sein Reichstag konnten auch die Endgiltigkeit des bis
jetzt über Luther gefällten Urteils bestreiten und die Berufung eines Conzils für die durch ihn angeregten Fragen
fordern.

Friedrich, gegen den der junge Kaiser gleich in Köln
besonderes Vertrauen und Hochachtung zu zeigen schien,
sprach dort sofort mit den kaiserlichen Räten wegen Luthers.
Er wiederholte auch hier: des Martinus Predigt zu vertreten
habe er nie sich angemaßt; er bitte nur, wider ihn Nichts,
ehe er verhört sei, vorzunehmen, wie denn derselbe sich

stets erboten habe, „von unparteiischen und unverdächtigen
Richtern sich verhören und, wo er mit der heiligen Schrift
überwunden wäre, sich unterthäniglich weisen zu lassen".
Der Kaiser sagte ihm zuerst wirklich zu, daß er Jenen auf
dem Wormser Reichstag, der im Januar zusammentreten
sollte, „von gelehrten und verständigen Personen genügsam
verhören lassen und darob halten wolle, daß ihm kein Unrecht geschehe". Gleich darauf aber mußte Friedrich dem
Kaiser klagen: „Ich bin berichtet, daß, seit bei Eurer
Kaiserlichen Majestät ich abgeschieden, Luthers Bücher un-
verhört und mit der heiligen Schrift unüberwunden zu
Köln, Mainz und sonst sollen verbrannt sein". Das kränkte
ihn auch persönlich; er fügt bei: er hätte verhofft, daß
wenigstens seiner geschont werde, wenn auch Luther nicht
angesehen werden sollte. Zugleich beachten wir in jenen
Aeußerungen Friedrichs, wie er wieder ganz in Uebereinstimmung mit Luther selbst für ihn schlechtweg eine Ueber-
windung durch die heilige Schrift fordert, ohne jede Beziehung auf eine Autorität kirchlicher Ueberlieferung und
Satzung.

Auf dem Reichstag, vor den die Sache richtig gebracht
wurde, schwankten die Verhandlungen erst. Den Wünschen
Friedrichs gegenüber fragte Aleander, seinerseits ganz richtig,
was für ein Gericht denn von diesem Luther, der die
Geistlichkeit und kirchliche Theologie Nichts mehr gelten
lasse, noch als unverdächtig werde anerkannt werden. Der
Kaiser wollte diesen jetzt sogar ohne Weiteres in die Acht
erklärt und festgenommen haben.

9

Fest und eifrig blieb Friedrich bei seiner Meinung; er hatte unter den Kurfürsten wenigstens den von der Pfalz auf seiner Seite. Von ihm, dem sonst so besonnenen, bedächtigen Herrn, wußte Aleander gar nach Rom zu berichten, daß er in einer Debatte mit Kurfürst Joachim von Brandenburg fast handgemein geworden sei, wovon freilich von den andern Berichterstattern keiner Etwas weiß. In Briefen an seinen Bruder Johann äußerte sich Friedrich fortwährend sehr besorgt wegen Luthers, gegen den von seinen Gegnern beständig Rat gehalten und das Schlimmste beabsichtigt werde. Er verliert aber nie seine ruhige, würdige Haltung, auch wenn er von diesen redet und etwa sagt: das thun die roten Hütlein und Herrn von Rom mit ihrem Anhang, oder: nicht allein Hannas und Kaiphas seien wider Martinus, sondern auch Pilatus und Herodes. Auch nach diesen schlichten, gemütlichen Briefen an den Bruder liegt ihm nur Alles daran, daß „die Wahrheit an den Tag komme", — daß „Gott die Gerechtigkeit nicht verlasse". Dahin vertraut er auch dem allmächtigen Gott: es stehe bei Gott, der werde es sonder Zweifel wohl schicken. Im Reichstag bestand er nur immer darauf, daß Luther wenigstens gehört und widerlegt werde. Im persönlichen Verkehr mit fürstlichen Genossen und Gegnern verleugnete er indessen auch seine eigene Meinung über die verketzerte Lehre nicht. So that er gegen Kurfürst Joachim, wie dieser dem Aleander erzählte, die Aeußerung: es dünke ihn seltsam, daß unserm Glauben so lange das Licht gefehlt habe, das ihm jetzt Martinus gebracht und das uns zum Leben führe.

Die große Mehrzahl der Reichsstände wollte dem Papst, gegen den der Reichstag zu gleicher Zeit eine schwere Last von Beschwerden der deutschen Nation vorzutragen hatte, keinesfalls so kurzweg willfährig sein.

Endlich wurde beschlossen, Luther unter sicherem Geleite kommen zu lassen, aber nur um selbst von ihm zu hören, ob er die unter seinem Namen verbreiteten Schriften anerkenne und seine gegen die kirchliche Lehre gerichteten Sätze widerrufen wolle oder nicht. Gönnern Luthers konnte durch diesen Beschluß jede Hoffnung abgeschnitten erscheinen. Aber was konnten nicht doch unter den Reichsständen, so wie die Stimmungen und Richtungen hier waren, an ein persönliches Auftreten Luthers noch für weitere Verhandlungen sich knüpfen? Der päpstlichen Bulle war in dem Beschlusse gar nicht gedacht. Auch wurde in der an Luther ergehenden Vorladung der vom Papst schon verfluchte Ketzer zu Aleanders Entsetzen noch in der herkömmlichen Weise als „Ehrsamer, Lieber, Andächtiger" angeredet. Aleander schrieb nach Rom: „Wie das ablaufen wird, weiß ich nicht; Gott gebe, zu einem guten Ende". Der Kurfürst indessen gab es ganz Luther anheim, ob er es wagen wolle, sein sicheres Wittenberg zu verlassen und vor den Reichstag zu kommen. Er wollte nicht für das Wagnis verantwortlich sein.

Luther langte kühnen Mutes am 16. April 1521 in Worms an. Sein Kurfürst ließ ihn einquartieren in den Zimmern der zu seinem Hofe gehörigen Herrn Hans von Hirschfeld und Hans von Schott, neben den

Zimmern feiner Räte von Feilitzfch und von Thun, im Jo-
hanniterhaufe.

Schon Tags darauf wurde er vor den Reichstag geführt. Am 18. gab er feine große Erklärung: wenn er
nicht durch Schriftzeugniffe oder helle Gründe überwunden
werde, fei er in feinem Gewiffen gebunden und könne nicht
widerrufen. Er beftand auf befonderes Befragen darauf,
daß nicht bloß der Papft, fondern auch Conzilien irren können.

Kurfürft Friedrich nahm nach diefer Sitzung des Reichstages den Spalatin in feine Kammer und fagte zu ihm:
„Wohl hat Doktor Martinus geredet vor dem Herrn Kaifer
und allen Fürften und Ständen des Reichs; er ift mir viel
zu kühn". Bei diefem Reichstag alfo, in der Sitzung des
17. und 18., hat Luther zum erften mal feinen Kurfürften
gefehen. Andere Herrn, namentlich Landgraf Philipp von
Heffen, fuchten nach der Sitzung des 18. ihn in feiner Her-
berge auf; Friedrich vermied auch hier jede folche Berührung.

Jetzt drang beim Reichstag wirklich, trotz Kaifer Karls
Widerfpruch, der Antrag durch, daß dennoch mit Luther
weitere Verhandlungen verfucht werden follten. An der
Spitze der Commiffion, welche fie zu führen hatte, ftand
der Erzbifchof von Trier, Kurfürft Friedrichs Freund; der-
felbe verhandelte auch unter vier Augen mit Luther.
Alles war jetzt vollends daran gelegen, ob Luther wenigftens
den Ausfprüchen eines Conzils, auf deffen Berufung dann
die Reichsftände trotz dem Papfte zu dringen entfchloffen
waren, feine Unterwerfung zufagen, oder ob er einen Widerfpruch auch gegen fie auf Grund der heiligen Schrift fich

vorbehalten würde. Er aber war auch hier zu der von
so vielen gewünschten und gehofften Antwort nicht zu
bringen.

Für Luther mußte so zum päpstlichen Banne die Reichs-
acht kommen. Nach den bestehenden Rechten war es nicht
anders möglich. Sein Kurfürst konnte in Worms Nichts
weiter für ihn thun. Wohl aber ließ er ihm am Vor-
abend seiner Rückreise durch Spalatin und jene beiden
Herrn, von Feilitzsch und von Thun, neben denen er wohnte,
mitteilen, daß er unterwegs irgendwohin in Gewahrsam
werde gebracht werden: im tiefsten Geheimnis hatte Friedrich
dies mit seinen Vertrautesten ausgedacht. So fuhr Luther
am 26. wieder von Worms ab.

Die Fürsten stimmten ihrer großen Mehrzahl nach dem
Kaiser fürs Vorgehen wider Luther und seine Bücher bei,
das kaiserliche Edikt stand so schon am 8. Mai fest. Kurfürst Friedrich hielt sich schweigend zurück. Gleich darauf
wollte er abreisen, mußte dann aber wegen Erkrankung an
Podagra gegen 14 Tage lang das Haus und teilweise das
Bett hüten. Am 23. Mai verließ er den Reichstag mit
Urlaub des Kaisers, begleitet vom Kurfürsten von der Pfalz;
er war noch so leidend, daß er sich in einer Sänfte führen
lassen mußte, die ihm der Kurfürst von Mainz lieh. Am
25. legte der Kaiser nach einer feierlichen Schlußsitzung des
Reichstags den übrigen Kurfürsten und anderen Fürsten
noch sein Edikt vor, das ja nur einen vorangegangenen
Reichstagsbeschluß vollziehe, und Kurfürst Joachim sprach
im Namen aller die Zustimmung aus.

Mit einem klaſſiſchen, heidniſchen Jubelruf darüber, daß ihm ſein Fang gelungen ſei, einem Diſtichon aus Ovids Ars amandi, eröffnete Tags darauf Aleander ſeine Depeſche an den päpſtlichen Vizekanzler, wollte indeſſen an dieſem Tage, dem Trinitatisfeſte, doch lieber mit dem Rufe fortfahren: „Gelobet ſei die heilige und ungeteilte Dreieinigkeit“ u. ſ. w. Er berichtete den glücklichen Abſchluß, mit reichem Lob für den glorreichen Kaiſer, den beſten Mann von der Welt. Er pries neben ſeiner Geſinnung und Feſtigkeit ganz be= ſonders ſeine Klugheit, wie er auch „ſo trefflich ſich zu verſtellen und zu temporiſieren gewußt“, ja häufig klüg= licherweiſe den Eindruck erweckt habe, als wäre er gegen= wärtig dem päpſtlichen Stuhle nicht geneigt. „Mögen ſich“, rief er aus, „die Fürſten wohl vorſehen, die ihm in den Weg treten“.

Daß dieſer päpſtliche Legat von Luther in allen ſeinen Berichten nur mit den verächtlichſten Ausdrücken geredet hat, wird uns nicht befremden; er nennt ihn kurzweg den Schurken (ribaldo); auch der Kaiſer, ſagt er, ja faſt alle Welt, habe in ihm einen thörichten, liederlichen, vom Teufel beſeſſenen Menſchen erkannt.

Aber faſt ebenſo wild bricht ſein Ingrimm gegen Kur= fürſt Friedrich los. Anfangs bezeichnet er ihn noch als einen tüchtigen Fürſten, ſagt jedoch, er ſei von ſeinen lutheriſch geſinnten Räten irre geleitet und ſchiebt ihm zugleich ſchlechte perſönliche Motive unter. Bald wird ihm derſelbe zu einem Fuchſen, einem Baſilisken, ſowenig er ihm im Einzelnen irgend eine Unredlichkeit vorzuwerfen weiß: er bekommt nie

schöne Worte von ihm zu hören, klagt vielmehr über seine
Wortkargheit. Schließlich findet er, daß der „verruchte
Sachse" aussehe wie ein fettes Murmeltier mit Hunde=
augen, mit denen er einem nie, oder nur für einen Augen=
blick gerade ins Gesicht sehe. Er erklärt das Podagra, das
den Fürsten trotz der von ihm angekündigten Abreise noch
in Worms festhalte, für bloße Verstellung. Er wünscht
ihm, daß er das Genick breche, ehe er noch mehr Seelen
ins Verderben führe. In eine solche Stellung war der
einst beim päpstlichen Stuhl so wohl angesehene Fürst jetzt
zu diesem geraten. Wie sehr aber sticht die gottergebene
Ruhe, mit der er über seine Gegner auch in den vertrau=
lichen Briefen an den Bruder sich äußerte, von den Aus=
brüchen ab, mit denen der päpstliche Gesandte sogar in seinen
offiziellen Berichten sich entladen mußte.

Der Eine Hauptakt jedoch, in welchem man bei Friedrich
immerhin die Schlauheit eines Fuchsen finden mag, entging
dem römischen Gesandten. Am 11. Mai kam in Worms
die Nachricht an, daß Luther unterwegs verschwunden sei,
von bewaffneten Reitern überfallen, und Aleander hatte
von einer bunten Menge von Gerüchten zu melden, die
darüber sogleich in Umlauf waren. Vorher hatte man, wie
Aleander schreibt, erwartet, daß er zu den Böhmen oder
etwa zum König von Dänemark flüchten werde. Jetzt hieß
es: die päpstlich Gesinnten haben den Ueberfall veranstaltet,
oder der Erzbischof von Mainz habe es gethan (was
Aleander selbst wünschte), oder auch ein dem Kurfürsten
Friedrich feindlicher fränkischer Ritter (von welchem nach

Aleanders Meinung der Kaiser sogleich die Auslieferung
Luthers verlangen sollte), — dann auch, er sei von einem
Degen durchbohrt in einer Silbermine aufgefunden worden, —
wiederum, er befinde sich auf einer Burg des ihm befreundeten Ritters Sickingen. Wohl kamen der Kaiser, Aleander,
und viele Andere in Worms gleich Anfangs auf den Gedanken, Friedrich möchte selbst die Hand im Spiel haben.
Dieser aber hatte seine Vertrauten mit der Fürsorge für
Luther in der Weise beauftragt, daß sie ihm selbst nicht
sagen durften, wie und wohin er weggebracht werden sollte.
So wollte er die Möglichkeit haben, zu erklären, auch er
wisse Nichts davon. Nach einer Angabe Aleanders hat
er dies auch wirklich damals vor einer zahlreichen Versammlung von Reichsfürsten versichert, während er doch
seinen eigenen Briefen zufolge damals ans Zimmer gebannt
und deshalb noch nicht abgereist war (vgl. oben). Luther
aber saß schon seit der Nacht vom 4. auf den 5. Mai
still auf der Wartburg.

2. Von Luthers Wartburgaufenthalt biß zur Wandlung in
der Schloßkirche und zu Friedrichs Heimgang.

Wie es sich auch mit jener Versicherung Friedrichs verhalten und wie man auch über sie urteilen mag: die Fürsorge, die er dort für Luther traf, war jedenfalls eine That
edelster Treue und Klugheit. Nach den bestehenden Rechten,
die er besser als viele andere Reichsfürsten kannte, durfte
er den Geächteten schlechterdings nicht mehr in seinen Landen,

Luther i. J. 1525.
Nach einem Gemälde Cranachs in der Lutherhalle zu Wittenberg.

geschweige denn auf einem Lehrstuhl seiner Universität
dulden. Und vor Kämpfen, zu denen eine Widersetzlich-
keit gegen die Reichsgewalt führen möchte, scheute gewiß
keiner mehr als er zurück. Er hätte jetzt auch, wenn er
Luther anwies, Sachsen zu verlassen, wohl damit sich beruhigen können, daß derselbe nicht etwa im Ausland Zu-
flucht zu suchen oder zu den böhmischen Hussiten zu gehen
brauchte, ihm vielmehr längst eine Schutzstätte bei kampf-
bereiten deutschen Adeligen angeboten sei. Und Luther
selbst wäre lieber offen auf seinem Kampfplatze geblieben.
Er nahm, wie Spalatin erzählt, das Vorhaben, das ihm
Friedrich ankündigen ließ, in Ehrerbietung gegen diesen an,
„wollte jedoch lieber frisch dran gegangen sein“. Aber wenn
Friedrich so die Anklage wegen Ungehorsams gegen Kaiser
und Reich von sich ferne hielt, steigerte er die Gefahr nicht
bloß für Luther, sondern auch für den Frieden des Reiches
und für die heilige Sache selbst. Nun that er das Weiseste,
was er thun konnte, wenn sein Gewissen ihm nicht erlaubte,
Luther auszuliefern: er wollte auf der Wartburg ihn nicht
bloß in sichere Verborgenheit bringen, sondern auch zu eigenem
Schweigen — wenigstens bis auf Weiteres — veranlassen.
Der Reichsgewalt blieb anheimgegeben, ihn aufzusuchen und
mit eigenem Machtmittel das Edikt an ihm zu vollziehen.
Hiezu traf sie aber keine Anstalten. Es zeigte sich, daß
auch entschiedene Gegner Luthers unter den Reichsständen
es keineswegs so weit wollten kommen lassen. Der Kaiser
war anderwärts genug beschäftigt und Friedrich konnte
voraussehen, daß die freundliche Beziehung desselben zum

Papst den politischen Absichten und Umtrieben des letzteren
gegenüber nicht zu lange Stand halten werde.

Der Wartburgaufenthalt, zu welchem Friedrich unsern
Reformator veranlaßte, ja gewissermaßen nötigte, hat dann
Folgen und Früchte mit sich gebracht, die jener nicht ahnen
konnte; er ist zu einer der wichtigsten Fügungen der Re-
formationsgeschichte und hiermit der Kirchen- und Welt-
geschichte geworden.

Vor Allem hat die Stille und Ruhe, die Luther dort
fand, ihn nach Jahre langer steter heftigster Erregung
wieder zu der inneren Sammlung und der ruhigen Be-
schäftigung mit dem Worte Gottes kommen lassen, deren
sein ferneres Lebenswerk gar sehr bedurfte. Daraus ist jetzt
auch die köstlichste, wirkungsreichste Gabe hervorgegangen,
die Luthers Feder seiner deutschen Nation hinterlassen hat:
seine Uebersetzung der Bibel, zunächst des Neuen Testa-
mentes. Auch hierfür, nämlich für sein Deutsch, glaubte
er seinem Kurfürsten Etwas zu verdanken: durch Kaiser
Maximilian und Kurfürst Friedrich, meint er, seien die verschiedenen deutschen Sprachen so in eine gemeine deutsche
Sprache gezogen worden. Von seiner Kirchenpostille, die
er jetzt deutsch zu bearbeiten begann, bemerkten wir schon
oben, daß er zu dieser ganzen Arbeit durch Friedrich an-
geregt war.

Ferner hat jetzt infolge davon, daß Luther bis auf
weiteres der unmittelbaren Arbeit in der von ihm aus-
gegangenen und nun auch ohne ihn weiter schreitenden
reformatorischen Bewegung entzogen war, seine Stellung

zu dieſer Bewegung in höchſt bedeutſamer Weiſe ſich
geändert.

Er bleibt zwar auch jetzt ſtets bereit, gegen katholiſche
Aergerniſſe loszubrechen und will jetzt ſo wenig als früher
von ſeinem Kurfürſten ſich darin zügeln laſſen. So auf
der Wartburg dem Erzbiſchof Albrecht von Mainz, dieſem
höchſtgeſtellten Reichsfürſten, gegenüber, als dieſer zu einer
großartigen Reliquienausſtellung und Anbetung in Halle a/S.
einlud. Luther ſchrieb gegen ihn, der Kurfürſt wollte es
nicht dulden. Luther ſandte die ſchon fertige Schrift dem
Spalatin zu mit der Erklärung: das wäre ja ſchön, für
Wahrung des öffentlichen Friedens ſorgen, während man
den Frieden Gottes durch ſolch gottloſes Treiben ſtören
laſſe! „Nicht alſo, Spalatin! nicht alſo, Fürſt“. Spalatin
behielt trotz Luthers Widerſpruch die Schrift zurück, die
Sache hatte indeſſen keine weiteren Folgen, da Albrecht ein
Schreiben, das Luther an ihn ſelbſt richtete, merkwürdig
freundlich und begütigend erwiderte.

Das Neue aber war, daß in Luthers Abweſenheit
Anhänger des von ihm verkündeten Evangeliums auch
praktiſch zu reformiren begannen, daß ſie dabei in den
Prinzipien teils unklar und unſicher waren, teils nach
Luthers Urteil ihrerſeits wieder auf böſe Irrwege ge-
rieten und daß ſo er vielmehr den Beruf erhielt, fremden
Eifer zu mäßigen und zurechtzuweiſen, ja gegen Neuerer
ebenſo ſcharf ſein Schwert zu führen, wie gegen die Anhänger des Alten. Hiefür fand Friedrich in ſeinem Schütz-
linge ſeither eine Stütze, wie er ſie ſonſt nirgends finden

konnte und wie er ihrer auch für sein eigen Wissen und
Gewissen bedurfte. Andererseits durfte er freilich um so
weniger mehr daran denken, in andern Fällen selbst ihm
Maß und Schranke zu setzen, mußte darin vielmehr noch
selbständigeren und schärferen Widerspruch, als vorher, von
ihm sich gefallen lassen. Er selbst indessen, der Fürst, lehnte
es durchweg grundsätzlich ab, eine kirchliche Neuerung ein-
zuführen. Er wollte ebensowenig das Recht und die Pflicht
zu solchen fürstlichen Verfügungen sich beilegen, als dazu,
den Forderungen der Gegner gemäß das evangelische Wort
zu unterdrücken. Nur dazu konnte er vermocht werden,
die Aenderungen im Hergebrachten zu dulden und zu genehmigen, wo die Geister und Gewissen sich durch die
Macht des Wortes dazu getrieben zeigten.

So forderten jetzt namentlich in Wittenberg Theologen, Geistliche, Augustinermönche und Laien, daß endlich
aus dem Meßopferdienst ein reines heiliges Abendmahl gemacht und hiebei der Kelch auch den Laien ausgeteilt werde.
Klosterbrüder Luthers wollten durch ihr Gelübde nicht mehr
gebunden sein. Schon wagten auch Geistliche in den Ehe-
stand zu treten.

In der Stadtkirche Wittenbergs wurde das Abendmahl schon an Michaelis 1521 in jener Weise gefeiert, ohne
daß man den Kurfürsten mit einer Anfrage oder Anzeige
in Verlegenheit brachte. Für dieselbe Feier (doch mit Frei-
geben der Privatmesse für Brüder, die in Glauben und
Erkenntnis noch zu schwach wären) erklärte sich dann ein
Ausschuß von Professoren und von Mitgliedern des Aller-

heiligenſtifts, denen indeſſen andere und beſonders die Mehrheit der Stiftsherrn widerſprachen; jene beantragten in einem
Gutachten an den Kurfürſten, er möge als chriſtlicher Fürſt
den Meßmißbrauch im Lande abthun. Die Antwort, welche
er dem hier zum erſten Mal geſtellten Antrag auf ein ſolches
landesherrliches Vorgehen gab, bleibt charakteriſtiſch für ſein
ganzes ferneres Verhalten: ſein Gemüt und Meinung ſei
allwege geweſen, ſo viel an ihm ſei, das fördern zu helfen,
was dem göttlichen Worte zu Ehren gereiche; aber das
ſei eine große Sache, die ganze gemeine Chriſtenheit betreffend; wenn das, was Jene wollen, im Evangelium ge-
gründet ſei, ſo werden ungezweifelt mehr Leute das auch
daraus vermerken und dem anhängig werden, ſo daß dann
die Veränderung mit dem gemeinen Haufen ohne Unruhe
vorgenommen werden könne; demnach ſollen ſie ja Nichts
übereilen; — er ſelbſt ſei auch nicht genug in der Geſchichte
des Urſprungs der Meſſe unterrichtet; — weil ſie „bei Seiner
Kurfürſtlichen Gnaden als einem Laien, der in der Schrift
nicht genug berichtet, Anſuchen gethan", ſo begehre er, „daß
ſie Alles vermeiden, woraus Zwieſpältigkeit, Aufruhr und
Beſchwerung erfolgen möchte". Nicht minder iſt für Luther
bezeichnend, was er ſchon zuvor gegen Melanchthon geäußert hatte: „Ich beſchwöre euch, kommt den Ratſchlägen
des Hofes immer zuvor, ſtatt ihnen zu folgen, ſowie ichs
bisher gemacht habe; die Hälfte von dem, was geſchehen
iſt, wäre nicht geſchehen, wenn ich durch jenen Rat mich
hätte binden laſſen". Der Grund ſolch eigentümlichen Ver-
haltens war bei Friedrich nicht etwa eine bloße Unſchlüſſig-

keit, sondern eine sehr erklärliche Ungewißheit darüber, wie
weit wirklich sein fürstlicher Beruf hier reiche, bei Luther
ein sehr festes Bewußtsein vom freien Zeugnis des Wortes,
zu dem er jedenfalls berufen sei. Mit welcher ehrlichen
Offenheit Luther über seinen Kurfürsten tadelnd und lobend
auch öffentlich reden durfte, zeigt uns namentlich seine
Schrift vom Mißbrauch der Messe, in welcher er von der
Wartburg aus Belehrung und Mahnung aussprach. Da
ruft er seinen Wittenbergern zu: „Ihr habt bei euch ein
Bethaven (eine Stätte des Götzendienstes, wie die Juden
mit ihrem Kälberdienste 1. Kön. 12, 28 ff., Amos 5, 5), die
Kirche aller Heiligen, welche Herzog Friedrich von seinen
Vorfahren ererbt hat und, durch die Papisten betrogen,
trefflich gemehret und erhoben". Er klagt, wie viel armer
Leute man mit dem Gelde hätte ernähren können, das für
jene und ihre Messen verschwendet worden sei. Aber,
sagt er, das Eine mögen sie durch Gottes Gnade doch wohl
rühmen, daß ihr Fürst kein Tyrann, noch Narr sei, er, der
die Wahrheit gern höre und leiden könne, und ermahnt
sie demnach: „dieweil ihr denn damit begnadet seid, so
könnet ihr das angefangene Werk desto besser vollbringen,
als die von Gott durch diese Gelegenheit dazu gerufen sind
und er euch seine Hände beut". Ja, es dünkt ihm, eine
Weissagung, die er als Kind vernommen, daß Kaiser
Friedrich einst das heilige Grab erlösen werde, sei in diesem
Friedrich erfüllt. Denn unter dem Grabe sei zu verstehen,
daß die heilige Schrift mit der Wahrheit Christi begraben
gelegen sei, und durch Friedrich sei diese Wahrheit hervor-

gekommen; auch sei derselbe ja schon so gut wie Kaiser gewesen, weil ihn die Kurfürsten einst dazu haben erwählen wollen.

In Wittenberg aber und an benachbarten Orten stürmten die Eiferer, an ihrer Spitze Luthers College Carlstadt und der Prediger Zwilling, weiter voran. Sie wollten das Aeußere des Kultus sofort ganz schriftgemäß nach ihrem Sinn gestaltet haben, das bisher gebotene Fasten nicht mehr dulden, auch die Beichte abschaffen, ferner die Bilder alle aus den Kirchen werfen. Dabei lebte in ihnen ein schwärmerischer Geist auf, der ein theologisches Studium verachtete. Zugleich ließen sie die ordentliche, schlichte Seelsorge, die ihnen etwas zu Geringes war, eingehen. Luther mußte ihnen, auch so weit er gegen ihre neuen äußern Formen an sich Nichts einzuwenden gehabt hätte, hauptsächlich vorwerfen, daß sie hiebei nur aufs Neue schlechten Aeußerlichkeiten nachjagen und daß sie die liebende, duldende Rücksicht auf Schwächere verleugnen. Schon kam es auch zu Tumulten unter der durch sie erregten Menge.

Dazu kamen zu Ende des Jahres 1521 Schwärmer aus Zwickau, die besonderer, unmittelbarer göttlicher Offenbarungen sich rühmten, einen besonderen mystischen Weg zur Gemeinschaft mit Gott und zu seinem Lichte lehrten, die Kindertaufe verwarfen u. s. w., — Genossen jenes Münzer, der nachher in wildem Aufruhr das Gottesreich herstellen wollte.

War Kurfürst Friedrich bis dahin mit inniger persönlicher Teilnahme dem durch Luther erschlossenen Evangelium gefolgt, obgleich er nicht bloß sich versagen mußte, als Fürst dafür einzutreten, sondern auch persönlich noch in vielen Fragen sich unsicher fühlte, — wie sollte er jetzt über diese angeblichen Fortschritte evangelischer Erleuchtung und Wirksamkeit urteilen? Wußte doch auch ein Melanchthon dem sichern Auftreten jener neuen Propheten und ihren Geisteskundgebungen gegenüber sich kaum zurecht zu finden. Von Carlstadt war zu fürchten, daß er im Geist noch mit ihnen werde eins werden. Spalatin erzählt uns, daß Friedrich nach einer Verhandlung mit seinen Räten über diese Bewegung gar ernst gesagt habe: „Das ist ein großer wichtiger Handel und den ich als ein Laie nicht verstehe; nun hat mein lieber Gott meinem Bruder und mir eine ziemliche Armut gegeben; wenn ich nun die Sache verstünde, ehe ich wollt mit Wissen wider Gott handeln, ehe wollt ich einen Stab an meine Hand nehmen und davon gehen".

Luther stand dieser trüben Gährung ähnlich mit einzigartiger Selbständigkeit und Klarheit gegenüber, wie er einst allein gegen die päpstliche Gewalt auf den Kampfplatz getreten war. Er bedarf jetzt auch der schirmenden Hand seines fürstlichen Schutzherrn nicht mehr und dieser muß von ihm sich leiten, muß ihn mit seinem Wort vollends allein gewähren lassen.

Als Luther von Friedrichs Nöten hörte, konnte er ihm zunächst ein scharfes Zeugnis nicht ersparen. Er beginnt seinen Brief an ihn (nach Mitte Februars 1522): „Gnade

II

und Glück von Gott dem Vater zum neuen Heiligtum". Er erklärt dies: „Eure Fürstliche Gnaden hat nun lange Jahre nach Heiligtum in alle Lande bewerben lassen, aber nun hat Gott Eure Fürstliche Gnaden Begierd erhört und heimgeschickt ohn alle Kost und Mühe ein ganzes Kreuz mit Nägeln, Speeren und Geißeln". Wir sehen, er meint mit dem ersten Heiligtum die Reliquien der Schloßkirche, die ihm auch in dieser Beziehung ein Bethaven war. Sein Fürst muß jetzt darüber ebenso die Wahrheit von ihm hören, wie er sie kurz zuvor dem Erzbischof Albrecht hatte sagen wollen. Aber es ist ihm auch Ernst mit seinem Glückwunsch zum neuen Heiligtum: Friedrich soll nur getrost die Nägel in sich eingehen lassen, denn so müsse es Jedem gehen, der Gottes Wort haben wolle, — nämlich „daß nicht allein Hannas und Kaiphas toben, sondern auch Judas unter den Aposteln sei und Satanas unter den Kindern Gottes". Er selbst ist deshalb ruhig: „Eure Fürstliche Gnaden glauben mir Narren doch auch ein klein wenig, ich kenne nämlich diese und dergleichen Griffe Satanä, darum fürcht ich mich auch nicht, das thut ihm wehe".

Schon vorher hatte Luther dem Spalatin angekündigt, daß er um seiner Wittenberger willen selbst nach Wittenberg kommen werde; der Kurfürst solle um ihn sich nicht kümmern; könne er in Wittenberg nicht bleiben, so werde er anderswohin gehen. Er schloß jetzt auch jenen Brief mit den Worten: „Eure Fürstliche Gnaden nehme sich mein nur Nichts an".

Friedrich schickte hierauf seinem Eisenacher Beamten

Oßwald eine längere Anweisung, was er Jenem als Antwort mündlich auseinander setzen sollte. Sie zeigt uns, wie ruhig er doch die Verhältnisse jetzt überblickte, wie ruhig er auch die scharfen Worte Luthers aufnehmen wollte. Er wies auf die Schwierigkeiten hin, welche die in Wittenberg selbst noch herrschende Uneinigkeit bezüglich der Messe u. s. w. bereite, auf die Erlasse des Reichsregiments gegen die kirchlichen Neuerungen, auf die den benachbarten Bischöfen zustehenden und von ihnen schon angekündigten Visitationen. Das Kreuz, sagte er, wolle er ja gerne und mit Vertrauen auf Gott tragen, wenn er wüßte, daß es von Gott sein sollte. Luthers Gedanken an eine Rückkehr nach Wittenberg weist er sehr entschieden ab mit dem an sich ganz richtigen Grunde: Luther hätte für sich Nichts Gutes zu erwarten, wenn er sich jetzt öffentlich zeigte, und er möge darauf achten, was Gutes dem Kurfürsten und seinen Landen und Leuten daraus entstünde, wenn nun der Kaiser und Papst ein weiteres Prozessieren gegen ihn forderten und sein Fürst dem Kaiser, ohne genugsamer Ursache vorbringen zu können, den Gehorsam darin verweigerte.

Aber die Weisung kam für Luther zu spät. Eines höheren Rufes gewiß war er schon am 28. Februar von der Wartburg aufgebrochen — in seiner Wartburgtracht als ritterlicher Reitersmann. Am 6. März war er wieder in Wittenberg. Tags zuvor schrieb er unterwegs von Borna aus an seinen Fürsten — mit dem festen, klaren Mute, den jene Gewißheit ihm gab: „Eure Kurfürstl. Gnaden wisse, ich komme gen Wittenberg in gar viel einem höheren Schutz

denn des Kurfürsten, — ja ich halte, ich wollte Eure Kur=
fürstl. Gnaden mehr schützen, denn Sie mich schützen können;
— Gott muß hier allein schaffen ohne alles menschliche Sorgen
und Zuthun; darum wer am meisten glaubt, der wird hier
am meisten schützen; dieweil ich denn nun spüre, daß Eure
Kurfürstl. Gnaden noch gar schwach ist an Glauben, kann ich
keinerleiwege Eure Kurfürstl. Gnaden für den Mann ansehen,
der mich schützen oder retten könnte". Will sein Fürst Rat,
was er thun solle, so antwortet er unterthäniglich: „Eure
Kurfürstl. Gnaden — sollt gar Nichts thun"; derselbe solle
gehorsam den Kaiser nach der Reichsordnung walten lassen
und des Kaisers Leuten, wenn sie ihn fahen wollen, die
Thore offen lassen; so viel werden jene doch wohl der Vernunft gebrauchen, daß sie den Kurfürsten erkennen werden
als in einer höheren Wiege geboren, als daß dieser selbst
zum Stockmeister über ihm werden sollte.

Nicht minder mutig, ruhig und wuchtig trat Luther
vor seine Wittenberger. Mit seiner einfachen Predigt des
Gotteswortes dämpfte er sofort die unklaren und wilden
Geister in der Gemeinde. Jene Zwickauer wagten ihm
gegenüber Nichts mehr dort zu unternehmen. Er selbst
lehrte jetzt den Gottesdienst ohne die unevangelischen Zu-
thaten und doch mit aller möglichen Rücksicht auf schwache,
am Alten hängende Gemeindeglieder einrichten. Auf gleiche
Weise wirkte er an benachbarten Orten. So haben die
wirklichen evangelischen Reformen und Ordnungen bei uns
angehoben.

Kurfürst Friedrich wollte mit Bezug auf Luthers

Rückkehr nur von jeder Verantwortung frei bleiben, wie dies ja auch Luthers Sinn war: so veranlaßte er ihn denn, jenen Brief in einer Weise umzuschreiben, vermöge deren er ihn auch Anderen vorlegen und darauf sich berufen konnte. In seinem Wirken ließ er ihn gewähren: entsprach ja dieses doch auch eben dem Weg, auf welchem er selbst die evangelische Wahrheit wünschte durchdringen zu sehen.

Kein Wunder aber, wenn der Reichsfürst Friedrich, ganz abgesehen von persönlichem Glaubensmut oder Klein= mut, doch mit anderen Blicken und stärkeren Befürchtungen, als der kühne Prediger des Evangeliums, die weltlichen, staatlichen und nationalen Mächte und Ordnungen in seine Erwägung zog.

Der Kaiser, der das Wormser Edikt erlassen hatte, fand noch nicht wieder Zeit, persönlich sich der Sache in Deutschland anzunehmen. Aber schwere Sorgen machten Friedrich das Reichsregiment, das jenen vertrat, und die Reichstage, die auch jetzt wieder zusammentraten. Gerade während Luther den Gedanken hegte, wieder öffentlich in Wittenberg aufzutreten, erging vom Reichsregiment ein durch Herzog Georg betriebener Erlaß, der die Bischöfe von Naumburg, Meißen und Merseburg zum Einschreiten gegen die dortigen Neuerungen ermahnte: darauf bezog sich die vorhin erwähnte Anweisung Friedrichs an Oßwald.

Wohin die Verhandlungen der Reichstage schließlich führen sollten, ließ sich nicht absehen. Als der erste in Nürnberg 1522 zusammentrat, hatte Hadrian VI., einst Bischof und Inquisitor in Spanien, den päpstlichen Stuhl

bestiegen, der mit ebenso heftigem und blindem, wie ehr=
lichem Eifer die abscheuliche Ketzerei endlich niedergeworfen
haben wollte. Der Reichstag ließ sich jedoch durch seinen
Legaten zu keinen Gewaltmaßregeln treiben. Er begehrte
vom Papst die Veranstaltung eines freien christlichen Konzils.
Er gebot den Obrigkeiten, bis dahin das Evangelium nach
Auslegung der von der christlichen Kirche approbierten
Schriften vortragen zu lassen: ein Ausdruck, den man ver=
schieden deuten und den insofern auch die Evangelischen sich
gefallen lassen konnten. Er forderte, Luthers Obrigkeit solle
ihn nichts Neues mehr drucken lassen und jede Obrigkeit
ihren Predigern Alles, was zur Uneinigkeit im Reich führen
könnte, untersagen: auch dies ließ sich ja nicht bloß wider
die Lutheraner, sondern auch wider ihre Verketzerer ge=
brauchen.

Zugleich richtete Hadrian wiederholt seine Vorwürfe
gegen den Kurfürsten, unter dessen Schutz Luther sich berge.
Ueber die einzelnen Schreiben, in denen er es that, haben
wir keine genügende Klarheit: ein angebliches Breve von
ihm, das geradezu in Schmähworten sich ergeht, ist schwerlich
echt. Wohl aber liegt uns eine Antwort Friedrichs an ihn
vor. Kurz und würdig erklärt ihm dieser, daß er mit
Gottes Hilfe bis an sein Lebensende sich „als ein Christ und
gehorsamer Sohn der heiligen Christlichen Kirche zu halten
gedenke", ohne dabei von der Autorität des Papstes in
dieser Kirche Etwas zu erwähnen; des Weiteren verweist
er ihn auf das, was er seinem Gesandten beim Reichstag
dem dortigen päpstlichen Gesandten zu sagen befohlen habe.

Daneben wurden gegen Friedrich Umtriebe beim Kaiser
gemacht, um ihm, dem Verächter des kaiserlichen Edikts,
seine Kurwürde und sein Land zu nehmen; auch des Kaisers
Bruder Ferdinand soll sich dabei beteiligt und eigene Pläne
damit verbunden haben. Friedrichs Rat und Botschafter
von Planitz, der hiervon durch den Kurfürsten von Brandenburg erfuhr, meinte sogar, jener werde Luther doch aus
seinen Landen entfernen müssen und werde sich nach Bundes-
genossen umzusehen haben.

Zum nächsten Reichstag erschien Friedrich selbst in Nürnberg. Er hatte da sogleich auch Verdruß und fruchtlose
Sorgen um die Reichsverfassung, um deren festere, einheit-
liche Ordnung er sich früher verdient gemacht hatte, während
diese jetzt durch die verschiedenen Interessen der verschiedenen
Reichsstände, der Fürsten und Städte, wieder zu Schanden
ging. Nach wenigen Wochen (am 26. Februar 1524) reiste er
wieder heim: es war sein letzter Besuch eines Reichstages.
Planitz konnte damals sagen: „Glaub' in Wahrheit, daß
es im Reich in viel hundert Jahren nie wunderlicher ge-
standen denn jetzt". Dieser zweite Nürnberger Reichstag
wiederholte dann das Verlangen nach einem Konzil. Die
fortwährende Geltung des Wormser Edikts erkannte er aus-
drücklich an, wenn auch nur mit dem Versprechen, ihm
„so viel wie möglich" nachzukommen. Der Kaiser aber
verwies den Reichsständen jenes Begehren und forderte,
daß sein Edikt „bei Vermeidung Criminis laesae Majestatis"
befolgt werde. Vor jenen Anschlägen gegen den Kurfürsten
Friedrich warnte jetzt sogar sein Vetter Herzog Georg durch

den Mund eines Herrn von Thun seinen Bruder Johann:
durch Zuthun päpstlicher Heiligkeit sollten Beide, Friedrich
und Johann, samt etlichen Städten mit Krieg überzogen
und jener seines kurfürstlichen Amtes entsetzt werden. Kaiser
Karl ließ jetzt auch die Verlobung, welche zwischen seiner
jüngsten Schwester und Friedrichs Neffen und Erben Johann
Friedrich geschlossen war, wieder auflösen.

Schwer lastete dieser Zustand auf Friedrich, der längst
auch körperlich leidend und nun nicht bloß von Podagra,
sondern auch von Erkrankung der Galle und Steinschmerzen
heimgesucht war. Dabei konnte bei seiner gewissenhaften
Anschauung von seinen fürstlichen Rechten und Pflichten
auch die günstigste Aussicht, die bei den Reichsständen sich
noch öffnete, nämlich die auf ein Konzil, ihn nicht zu positiven
eigenen Schritten kirchlicher Reform veranlassen: denn es
war ja vielmehr eine Aussicht darauf, daß, was keinem
einzelnen Fürsten zustehe, endlich doch noch auf die richtige
Weise von der durch die Wahrheit überwundenen Ge-
samtheit werde vollbracht werden. Dem Gedanken, gegen
jene Bedrohungen und für seine Zwecke durch einen politischen
Bund mit andern Fürsten und Städten sich zu wappnen,
blieb er ganz ferne. Nicht evangelische Reichsstände haben zuerst
zu einem besonderen Bund im Reich sich zusammengeschlossen,
sondern katholische auf dem Regensburger Konvent des
Jahres 1524. Vollends unzugänglich wäre Friedrich dem
Gedanken an ein Bündnis mit dem Ausland gewesen. Vergeblich hatte König Franz von Frankreich ihn schon 1521
in eine Verbindung gegen den Kaiser zu ziehen gesucht.

Nur gewähren ließ Friedrich so auch fernerhin die Reformation in seinen Landen und eben hiermit auch unter seinem Schutze. Zugleich wollte er jene Bischöfe, in deren Sprengel seine Lande fielen, mit ihren Visitationen darin gewähren lassen. Ja, er ließ noch im genannten Jahre den Merseburger, der zu diesem Zwecke nach Grimma kam, ehrerbietig durch Herrn seines Hofes begrüßen, erhob auch keine Einsprache gegen Exkommunikationen, welche dabei von den Bischöfen über Pfarrer verhängt wurden. Aber er versagte ihnen eine Vollziehung ihrer Dekrete durch seinen weltlichen Arm: denn er könne in die religiösen Fragen sich nicht einmischen, könne, wenn Pastoren gegen Jene auf die Schrift sich beriefen, darüber nicht urteilen. Die Bischöfe fanden dann an den Orten, wo sie zu predigen und zurechtzuweisen den Versuch machten, durchweg so wenig Eingang bei der Bevölkerung, daß sie selbst davon abstanden.

Für die Gemeinde der Stadt Leisnig, welche als eine der ersten die evangelischen Ordnungen annahm und dann namentlich durch die Einrichtung eines sogenannten gemeinen Kastens für die kirchlichen Einkünfte und ihre Verwendung zum Gottesdienste und zur Armenpflege sich auszeichnete, trat der Kurfürst auch vermittelnd ein bei einem Händel, den sie deshalb mit einem dort patronatsberechtigten Abte bekam: es fand, wie es in der dortigen Kastenordnung heißt, zwischen beiden Teilen ein Abkommen in der kurfürstlichen Kanzlei statt.

Wie willig Friedrich die Neuerungen vor sich gehen ließ, wo es in Frieden geschehen konnte, zeigt sich uns

12

namentlich auch an seinem liebsten Residenzort Lochau: hier
fing der Pfarrer schon 1522 an, das Abendmahl unter beiden
Gestalten auszuteilen, und nahm bald auch ein Weib.

Als der Wittenberger Stadtpfarrer Bugenhagen hei-
ratete, gab der Fürst in eigentümlicher Weise kund, wie er
diesem biedern Freund und Mitarbeiter Luthers gerade auch
hierbei seine Gunst schenken und wie er dies doch nicht
öffentlich machen wollte: er ließ ihm dazu, durch Luther
veranlaßt, die beliebte fürstliche Wildbretgabe zugehen, aber
als ein nicht von ihm, sondern von Spalatin kommendes
Geschenk.

In Luthers Sprache gegen seinen Landesherrn, wie
wir sie aus jenen Briefen vernommen haben, erkennen wir
Worte, die aus seinem gewaltig bewegten und fest in Gott
gegründeten Herzen gerade und getreulich ans Herz des ihm
vertrauenden Fürsten dringen wollten. So nahm sie dieser
auch auf. Bei der Schwäche, die er oft fühlen mußte,
bewährte er seine wahre Größe darin, daß er durch eine
solche mahnende und aufrichtende Zusprache sich nie ge-
kränkt zeigte. Luther ließ mitunter auch Freunden gegenüber
herbe Aeußerungen über jene Schwäche fallen; er wollte in
Fragen, bei denen sie zu fürchten war, womöglich ohne den
Fürsten seinen eigenen Weg gehen. Aber der vertrauens-
volle Verkehr zwischen den beiden so verschieden gearteten
Männern, dem Fürsten und dem Unterthanen, bestand
ruhig fort.

Der Reformator hatte keine Zeit mehr, jenem besondere
erbauliche Bücher zu widmen. Aber von dem ersten im

Drucke fertig gewordenen Stücke seines Neuen Testaments,
der Ueberſetzung des Matthäus, mußten (im Frühjahr 1522)
die zwei einzigen zur Verſendung beſtimmten Exemplare
an Spalatin gehen, damit dieſer es auch Friedrich zeige,
und an Friedrichs Bruder Johann; vom Ganzen erhielten
im Herbſt des Jahres die drei ſogleich je ein Exemplar.

Friedrich ließ ſich in kirchliche Dinge, z. B. über jenes
tüchtige Vorgehen der Leisniger, auch eigens von Luther
berichten. Beſonders wichtige Belehrung erbat er für ſich
ſelbſt von ihm 1524, als ſchwärmeriſche Geiſter aus der
heiligen Schrift, weil ja ſie allein Gottes Wort ſei, ein
Geſetzbuch auch fürs bürgerliche, ſtaatliche Leben machen
und demnach auch hier reformieren und umſtürzen wollten.
Die Frage, wie ſie Luther geſtellt wurde, war, „ob man
ſolle richten und urteilen nach dem Geſetz Moſe oder nach
den kaiſerlichen Rechten“. Er hat damals ſeine für den
proteſtantiſchen Staat entſcheidende Antwort in Schriften
klargeſtellt, hat ſo auch ſeinen gewiſſenhaften, auf Gottes
Wort haltenden Fürſten darüber beruhigen können. Noch
kurz vor ſeinem Tode begehrte Friedrich auch Luthers
Meinung zu hören über ein ſo verwunderliches Zeitereignis,
wie die Niederlage und Gefangennahme des Königs Franz
von Frankreich bei Pavia. Luther erwiderte: die Gefangen=
nahme ſei freilich etwas Monſtröſes, Hochbedeutſames; man
habe darin Gottes Hand zu ſehen, der Königreiche empor=
hebe, um ſie niederzuwerfen; ihm ſcheine dies eins der Zeichen
fürs Dahinfallen der ganzen Welt durch den jüngſten Tag;
Eines aber freue ihn dabei, daß nämlich Gott den Plan

des römischen Antichrists vereitelt habe, der sich auf diesen König von Frankreich gegen den Kaiser habe stützen wollen.

Von sich aus brachte Luther hin und wieder auch Bitten im Interesse der Universität und des neuen theologischen Studiums an den Kurfürsten. So drang er darauf, daß Melanchthon ordentlich mit neutestamentlichen, theologischen Vorlesungen beauftragt werde, während derselbe eigentlich nur für griechische, philologische berufen war und in einer ängstlichen Scheu vor jenen hierauf sich berief, oder, wie Luther schreibt: „er sperret sich mit dem einigen Wehre=Wort, er sei von Eurer Kurfürstl. Gnaden bestellet und besoldet auf die gräkische Lektion". Er trat ferner mit warmen Gesuchen für Notleidende ein und mit Fürbitte für Leute, welche irgendwie unrecht behandelt, oder welche trotz ihres Unrechts und ihrer Schuld doch immer noch der Erbarmung wert schienen. Er sagt für einen Solchen: „Ich will nicht rechten mit Eurer Kurfürstl. Gnaden seinethalben, ich laß es sein, er habs verdient, er sei noch Aergeres wert, ich weiß wohl, daß Euer Kurfürstl. Gnaden Gemüt aufrichtig ist, Niemand Unrecht zu thun; wiederum weiß ich auch, daß kein Fürst so fromm und so klug sein mag, daß nicht durch ihn oder seine Amtleute etwa Jemand zu kurz geschehe". Er lehnte indessen, wie er ein andermal sagt, die an ihn gebrachten Beschwerden auch gern ab, da er wohl das Schriftwort (?) kenne: „Der Könige Geheimnis zu verbergen ist ehrlich", und nicht Lust habe, die Sache so zu ergründen. Und als er ernstlich gegen ein Unrecht redete, das vielleicht doch geschehen sei, fügte er bei: „Euer Fürstl. Gnaden wollt mir Solchs zu gut halten, denn mirs nicht zu leiden ist, daß man sagen sollt, ich heuchlet dem Kurfürsten; Andern könnt ichs scharf sagen; ich hoff, ich wolle Euer Kurfürstl. Gnaden Heuchler nicht werden, denn ich wüßte ja nicht warum".

Friedrich antwortete ihm meist durch Spalatin, mitunter auch eigenhändig, — immer ruhig und schlicht, mit bereitwilligem Eingehen auf sein Vorbringen. Auch hiebei aber übte er Vorsicht, daß nicht der Schein entstehe, als ob er mit ihm, dem Ketzer und Reformator, geheime Dinge betreibe: als Luther sich einmal auf das stete Anliegen eines gewissen Leimbach hin, der in einem verwickelten Geldhandel Unrecht von Seiten der fürstlichen Regierung erlitten zu haben behauptete, sich deshalb an den Kurfürsten wandte, ließ ihm dieser sagen, daß er wohl bereit wäre, ihm selbst die Verhandlung darüber mit Leimbach anzuvertrauen, daß er aber dann beschuldigt werden könnte, als ob er „heimliche Handlung mit ihm hätte", während er doch dem Papst und Kaiser gegenüber stets vorgebe, mit seinen Sachen und ihm Nichts zu schaffen zu haben. Eines persönlichen Zusammenkommens mit ihm enthielt er sich, wie wir längst bemerkten, bis an sein Ende.

Bei einer Beobachtung der kirchlichen Stellung Friedrichs muß endlich das Auge vorzugsweise auf sein ihm so teures Wittenberger Gotteshaus und Heiligtum sich richten. Ueber die Vorgänge dort liegen uns noch vollständige Akten im Weimarschen Archive vor.

Da hat jetzt Friedrich, ohne daß wir bei ihm von

Kämpfen hierüber Etwas vernehmen, doch auf die Verehrung seiner lieben Reliquien verzichtet, die Sammlung
geschlossen. Auch hier ließ er indessen die Sachen an sich
kommen. Am 24. April 1522 erhielt er einen Bericht der
Stiftsherrn, daß sie mit Stimmenmehrheit beschlossen hätten,
die übliche Reliquienausstellung auch fernerhin vorzunehmen,
hiebei jedoch der Ablässe nicht mehr zu gedenken. Die
Minderheit des Kapitels, namentlich der Propst Jonas
und der Stiftsherr Amsdorf, die speziellen Freunde Luthers,
wollten auch die ganze Ausstellung abgeschafft haben. Der
Kurfürst genehmigte jenen Beschluß, indem er bemerkte,
daß es in Nürnberg ebenso gehalten werde. Dazu ver-
ordnete er, bei der Ausstellung einige Gewappnete aufzu-
stellen, um Tumulten zu wehren. Offenbar hatte die heftige
in Wittenberg ausgebrochene Bewegung, die Luther dann
in ihre Schranken wies, auch schon jene Heiligtümer bedroht.
Luther that in Sachen der Reliquien keinen direkten Schritt
bei seinem Fürsten. Er wollte insoweit seine Schwäche
schonen. Aber er scheute sich nicht, ihm selbst gegenüber
damit zu scherzen. So in einem schon erwähnten Bitt-
gesuch für einen Notleidenden vom 28. März, wo er scherzend
erklärt, daß er für den Armen im Notfall selbst betteln
gehen, ja gar rauben und stehlen wolle, und zwar allermeist
beim Kurfürsten von Sachsen, und dann fortfährt: „Denn
ich wollt dennoch von Eurer Kurfürstl. Gnaden ungehänget
sein, wenn ich schon allen Heiligen ein Kleinod raubete in
solcher Not". Im folgenden Jahre schaffte der Kurfürst
selbst auch jene große Ausstellung ab: nur beim Brauch,

die Reliquien an den höheren Festen auf den Altären auf=
zustellen, sollte es noch verbleiben. Der Eifer im Erwerb
von Reliquien war schon 1522 schnell und ganz erkaltet.
Ja, als der in Venedig damit bisher beauftragte Freiherr
von Schenk wieder solche Kostbarkeiten gekauft und deren
Uebersendung nach Sachsen sich verzögert hatte, erhielt er
sie vom Kurfürsten zurückgeschickt mit einem Briefe Spala=
tins vom 28. Juli des Inhalts: er möge sie, so gut er
könne, an seinem eigenen Ort wieder verkaufen, wo sie mehr
Wert haben werden als jetzt in Deutschland; denn hier
habe man aus Gottes Wort gelernt, am Glauben und Ver=
trauen zu Gott und an Liebe zum Nächsten genug zu haben.

Viel schwieriger ging es mit den Meßgottesdiensten
der Schloß= und Stiftskirche. Denn hier machte der
Glaubensgegensatz, der ins Domkapitel eingedrungen war,
sich aufs schärfste geltend. Zum Eindringen und Erstarken
der evangelischen Richtung daselbst hatte der Kurfürst selbst
das Meiste dadurch beigetragen, daß er, ohne die Folgen
hiervon zu beabsichtigen, bald nach dem Wormser Reichstag
den Justus Jonas an Stelle des verstorbenen streng katho=
lischen Göde zum Probste des Stiftes ernannte. Er that dies
auf Empfehlung des Humanisten Mutian. Jonas war
aber schon bei Luthers Fahrt durch Erfurt nach Worms
als Verehrer desselben dort vorangetreten und wurde ihm
jetzt vollends befreundet. Gleichgesinnt war ihm unter den
Stiftsherrn namentlich der schon erwähnte Amsdorf. Die
Zahl der jährlich zu haltenden Messen, öffentlichen und
Privatmessen, Messen für Lebende und für Tote, war

nach einer Berechnung Spalatins auf 9901 gestiegen, wozu im Ganzen 83 Kleriker bestellt waren. Das Wachs, das jährlich dazu verbraucht wurde, berechnet Jener auf mehr als 35,000 Pfund. So großartig wurde hier fortbetrieben, was für Jene wie für Luther und für die gesamte Gemeinde Wittenbergs ein Gräuel war. Dazu kamen die ihnen anstößigen, althergebrachten kirchlichen Gesänge, in den der Himmelskönigin und den Heiligen anstatt Gott und Christus die Ehre gegeben werde.

Schon im Oktober 1521 erhielt der Kurfürst Bericht aus dem Domkapitel, daß es an Priestern fehle, welche gewisse neuerdings gestiftete Messen halten möchten, — weiterhin, daß die für gewisse Gottesdienste bestimmten Priester ihr Amt niedergelegt hätten. Nachdem der altgläubige erste Stiftsdechant 1523 mit Tod abgegangen war, fing der Probst Jonas gegen jene unevangelischen Misbräuche zu predigen an. Mit der größten Wucht trat vollends Luther dagegen auf. Zweimal richtete er schriftliche Mahnungen an die Stiftsherrn. Wollten sie sich auf den Kurfürsten berufen, so antwortete er ihnen hier: „Ich rede igund mit eurem Gewissen: was geht uns der Kurfürst in solchen Sachen an? Ihr wisset, was St. Petrus saget Apostelgesch. 5: Man soll Gott mehr gehorchen" u. s. w. Als er hiermit keinen Erfolg bei ihnen hatte, sprach er auf der Kanzel der Stadtkirche am 2. August 1523 zum Schluß seiner Sonntagspredigt eine öffentliche Ermahnung an sie und über sie („die Herrn auf'm Schloß") aus, wobei er noch bestimmter erklärte: „Sie dürfen sich auch nicht damit

entschuldigen, daß der Kurfürst gebeut, zu halten wie es
längst gewesen; was fragen wir nach ihm? er hat nicht
weiter zu gebieten, dann in weltlichen Sachen; wenn er aber
wollte weiter greifen, so wollen wir sprechen: Gnädiger
Herr, wartet Ihr Eures Regiments, man muß Gott mehr
gehorchen, denn den Menschen". Er warf Jenen dabei
vor, daß sie alle, oder wenigstens die Meisten unter ihnen
wohl wüßten, wie ihr Verhalten unrecht sei, — und an
andern Orten auch geradezu, daß sie darauf bestehen aus
Liebe zu dem Gelde, das die Messen ihnen einbringen.
Vergebens schickte der Kurfürst die juristischen Collegen
Schurf und Schwerdtfeger und den Freund Melanchthon
zu ihm, ließ ihn warnen, er „solle nicht so geschwind
handeln", verwies ihn auf den wieder bevorstehenden Reichstag und das zu erhoffende christliche Konzil. In seiner
lateinischen Schrift über die Form einer echt christlichen
Messe (Formula missae) nannte Luther jenes Gotteshaus,
wie früher ein Bethaven (oben S. 79), so jetzt ein Thophet,
d. h. einen Ort des Gräuels oder Abscheus (vgl. 2. Kön. 23,
10. Jerem. 19, 12), und zwar ein Thophet, welches sei
der sächsischen Fürsten gottloses und verschwendetes Geld,
— statt einer Allerheiligenkirche ein Haus aller Teufel.
Jonas wandte sich mit einer langen, ruhigen, warmen Aus-
führung an den Kurfürsten selbst; er erinnerte ihn hiebei,
wie einst König Hiskia (2. Kön. 18) die abgöttischen Gräuel
nicht geduldet, sondern die vom Volk angebetete eherne
Schlange zerbrochen habe, als Jesaia für ihn ein Fähnrich
des reinen Gotteswortes gewesen sei, wie es jetzt Luther

sein möchte; sollte der misbräuchliche Gottesdienst dennoch fortbestehen, so stellte er seinem Fürsten ganz anheim, was dieser dann mit ihm selbst machen wolle. Friedrich blieb hingegen bei seiner Rechtsauffassung, wonach er nicht befugt war, an der durch die kirchliche Ordnung vorgeschriebenen und stiftungsgemäßen Abhaltung der Messen Etwas zu ändern, und dies namentlich dem Kaiser und Reich gegenüber nicht hätte verantworten können. Er konnte sich auch nicht mit dem Vorschlag jener beiden Juristen beruhigen, daß man drei damals neu erwählten, dem Meßdienst widerstrebenden Stiftsherrn erklären möge, sie sollen zugelassen sein, wenn sie „thun wollen, was den Stiftsherrn auferlegt und was göttlich (dem göttlichen Willen) gemäß sei". Sie müßten, meinte er, vielmehr auf ihre Pfründen verzichten. Er ließ jedoch die letzte Entscheidung noch in der Schwebe. Der Widerstreit innerhalb des Kapitels währte indessen fort. Die Aufregung wuchs bei der Universität und Bevölkerung. Die wenigen noch übrigen altgläubigen Stiftsherrn meinten endlich (im November 1524) den Kurfürsten flehentlich um Schutz vor drohenden Tumulten angehen zu müssen. Von Luther berichteten sie, daß er ihnen gedroht habe, er gedenke, wenn keine Vermahnung bei ihnen fruchte, „den Predigtstuhl zu verlassen und einen andern darauf zu stellen, der also predigen solle, daß solche Messen abgestellt sollen werden". So sandte denn Friedrich wieder zwei Kollegen, Schurf und Benedikt Pauli, zu diesem, der übrigens mit ihm in der Zwischenzeit ganz friedlich und freundlich über andere Dinge verkehrt, ja gleichermaßen auch über eine Verwendung der

jenen drei Stiftsherrn zu entziehenden Gelder für die Inter=
essen der Universität mit ihm verhandelt hatte. Er ließ ihm
jetzt vorstellen, wie er ja selbst gelehrt habe, daß man in
religiösen Dingen nur überzeugen, nicht aber befehlen und
erzwingen dürfe, ihn auch auf das dem Evangelium zuge=
fallene Nürnberg hinweisen, wo doch daneben noch Messen
geduldet würden. Luther aber stellte jetzt in einer Predigt,
in welcher er alle die verwerflichen Bestandteile des Meß=
gottesdienstes in den schärfsten Worten als Gräuel kenn=
zeichnete, solche Gräuel schließlich geradezu mit Verbrechen
und allgemein verderblichen Handlungen, wie Diebstahl,
Mord und Ehebruch, auf eine Linie und machte Fürsten,
Bürgermeister, Räte und Richter dafür verantwortlich,
wenn sie dergleichen duldeten. Unter diesem Gesichtspunkt
rechtfertigte er, wie auch Jonas, jetzt dennoch ein Ein=
schreiten der weltlichen Gewalt in solchen Dingen. Darauf
erschienen der Rektor der Universität und die zwei Bürger=
meister und zehn Ratsherrn der Stadt beim Stiftsdechanten
und kündigten den am Gräuel festhaltenden Mitgliedern
des Stifts alle Gemeinschaft auf; Jenem wurden des Nachts
Fenster eingeworfen. Friedrich sprach hierüber sein Mis=
fallen aus, zog aber eine bestimmte Entscheidung immer
noch hinaus. Da streckten endlich die Bedrohten selbst die
Waffen, und zwar schrieb der zweite Dechant Blank an den
Fürsten, er sei selbst durch tägliches Lesen und Nachforschen
so weit gekommen, daß sein Gewissen ihn zwinge, nicht
länger ob der Messe zu halten. Schweigend ließ jetzt auch
der Kurfürst die Neuerungen vollends vor sich gehen. Als

er nach Oftern 1525 Nachricht über den Stand der Dinge bei einem seiner Beamten in Wittenberg einzog, wurde, wie dieser ihm berichtete, an den Sonntagen ftatt des Meßopfers nur der Gottesdienst mit Abendmahl, an jedem Wochentage eine biblische Lektion oder Predigt gehalten; in der jüngst verflossenen Festwoche waren die alten Bräuche mit Reliquien, besonderen Gewänden, Wachskerzen u. s. w. unterblieben.

Gewiß gehörten diese Vorgänge in seiner Schloßkirche zum schwersten und peinlichsten, was für Friedrich den Weisen das unter seinem Schutz angebrochene neue evangelische Licht mit sich gebracht hat. Und nicht bloße Bedenklichkeit oder gar Schwerfälligkeit des Alters, sondern sein fürstlicher Rechtssinn und seine Gewissenhaftigkeit machten sie ihm so schwer. War es doch wirklich so, daß das bestehende kirchliche und staatliche Recht ihm die Befugnis versagte, jene Reformen zu gebieten oder auch nur förmlich zu gestatten. Und wie sollte er so leicht auch in den Sinn eines Luther sich finden, wenn dieser für sein evangelisches Wort volle Freiheit von Seiten der weltlichen Gewalt forderte und nun doch zugleich gegen die Bräuche, die zwar ihm für Gräuel, Andern aber für göttliche Ordnung galten, den Arm der Obrigkeit aufbot? Andererseits freilich war der direkte und fundamentale Zwiespalt, wie er dort im Gottesdienste der Einen Stiftskirche statthatte, etwas Unerträgliches. Ferner lag auch für die neuen evangelischen Gottesdienste und kirchlichen Verhältnisse überhaupt das Bedürfnis einer gesetzlichen

Regelung vor, für welche eine nach dem bisherigen Recht
kompetente Behörde eben nicht da war. Wir haben noch
eine ganz bewegliche Zuschrift Spalatins an seinen Fürsten
vom 1. Mai 1525, worin er, mit Hinweis auf das durch
die damaligen Bauernunruhen gesteigerten Bedürfnis, ihm
rät, schleunigst mit seinem Bruder Johann eine Aufforderung
an sämtliche Geistliche und Klöster des Landes zu richten,
daß sie alle unevangelischen Bräuche abthun sollten, weil
er sein Gewissen dieser Dinge entladen haben wolle; ja
Spalatin erklärt ihm dabei: „So sind auch Euer Fürstl.
Gnaden, wird Sie solche Abgötterei gestatten, nicht ent=
schuldigt“. Aber wir wissen nicht, was Friedrich zu diesem
Schreiben gesagt hat, nicht einmal, ob er es vor seinem
Abscheiden noch hat durchlesen können.

In seinem eigenen Innern und seinem persönlichen
religiösen Leben wollte Friedrich bis an sein Ende nur ein=
fach und treu bei dem in der heiligen Schrift niedergelegten
Gottesworte bleiben. Ein Lieblingsspruch war ihm 1. Petri
1, 25: „Des Herrn Wort bleibet in Ewigkeit“. Unsere
Wittenberger Lutherhalle besitzt eine große Silbermünze,
die auf der einen Seite sein sorgfältig ausgeführtes Bild,
auf der andern diesen Spruch in Latein trägt: „Verbum
Domini manet in aeternum“. Die Anfangsbuchstaben der
vier lateinischen Worte ließ er gar auf die Aermel seiner
Diener sticken. Und zwar nahm er das Gotteswort mit
ganzem Herzen auf, wie es Luther ihm auslegte, auch sein
Spalatin ihm vortrug. Dennoch konnte hergebrachten
kirchlichen Uebungen und Bräuchen gegenüber sein Gewissen

auch mit Bezug auf sein eigenes persönliches Verhalten noch gebunden bleiben und es durfte auch für ihn die Rück= sicht gelten, die Luther auf einen redlichen, aber in solchen Dingen noch schwachen, auch den Menschen gegenüber noch ängstlichen Glauben genommen haben wollte. Es fehlt uns in dieser Hinsicht an genügenden Nachrichten über ihn. Wir wissen z. B. nicht, wie er es in seinen letzten Lebens= jahren mit dem kirchlich vorgeschriebenen Fasten hielt. Vom Rechte der Laien auf den Kelch im Abendmahl hat er ohne Zweifel noch keinen Gebrauch zu machen gewagt. Wir besitzen noch ein Blatt, auf welchem Spalatin ein kurzes Gutachten Luthers und zugleich Melanchthons und Bugen= hagens über den Abendmahlsgenuß eines derartigen Christen in deutscher Uebersetzung niedergeschrieben hat. Wir dürfen sicher vermuten, daß es für seinen Fürsten von ihm einge= holt war. Es lautet in Luthers Fassung: „Also rat ich den Andern und allezeit, wenn Einer durch Gottes Wort das Gewissen erlangt hat, daß er Eine Gestalt allein nicht nehmen möge, und doch sein Glaub so schwach ist, daß er aus Furcht vor Menschen beide Gestalten nit thar (nicht wagt zu) nehmen, daß er sich mittlerzeit des Sakraments gar enthalte" u. s. w.

So war Friedrich zum 62. Lebensjahre fortgeschritten, schon seit Jahren durch leibliche Beschwerden gedrückt, als Fürst mit Aufgaben beschwert, für die er gerade bei seiner großen Umsicht und Besonnenheit eine positive Lösung nicht fand. Bescheiden und unerschütterlich ging er den Weg weiter, der ihm als ein dunkler und doch als der einzige

ihm von Gott gewiesene erscheinen mußte. Sein Leib war,
wie Aleander schon beim Wormser Reichstag bemerkte,
sehr stark geworden, seine Haltung wohl etwas schwerfällig.
Miene und Blick blieb ernst, ruhig und fest. Im Jahr
1524, ohne Zweifel während jenes Nürnberger Reichstages,
hat Albrecht Dürer sein Bild gezeichnet; oft schon hatte
ihn Kranach porträtiert.

Kaum war jener Streit im Wittenberger Stift gestillt
und den unruhigen Szenen, die dort wieder drohten, vor-
gebeugt, so mußte endlich der alte, schwergeprüfte, fried-
same Herr noch den gefährlichsten, wildesten Sturm herein-
brechen sehen, der im Zusammenhang mit der Reformation
über Deutschland gekommen ist. Der große Bauernaufstand
brach aus. Schon wogten die immer weiter anwachsenden
Haufen auch durch Thüringen hin und her, hier noch besonders erregt durch den gefährlichen Schwärmer Münzer
mit seinen Ideen von einem irdischen, kommunistischen
Gottesreiche. Friedrich geriet in Schrecken darüber, ja
wollte es kaum glauben, daß seine eigenen Unterthanen
mitmachen sollten, fand jedoch die Schuld auch auf der
anderen Seite. Er wollte auch diese Sache Gott anheimstellen.
So schreibt er von Lochau aus, wo er seit dem vorangegangenen Dezember beständig krank lag, am 14. April 1525 an
seinen Bruder Johann: „die Armen werden in viele Wege
von uns geistlichen und weltlichen Obrigkeiten beschwert; will
es Gott also haben, so wird es so hinausgehn, daß der
gemeine Mann regieren soll; ist es aber sein göttlicher
Wille nicht und daß es zu seinem Lob nicht vorgenommen,

so wird es bald anders; lasset uns Gott bitten um Ver=
gebung unsrer Sünden und ihms anheimsetzen". Zu einem
seiner Kammerdiener aber sagte er in jenen Tagen: „Wenn
mein lieber Gott will, so will ich gern von dieser Welt,
denn es ist doch weder Lieb noch Wahrheit, weder Treu
noch nichts Guts hie auf Erden".

Er hatte wirklich seinen Lauf vollendet. Am Abend
des 4. Mai rief der Arzt den Spalatin zu ihm, daß er bei
ihm „thun sollte, wie er könnte". Mit diesem unterhielt
sich Friedrich erst über Mutian, von welchem Briefe an=
gelangt waren, und über den Bauernaufstand. Dann kam
er auf Seelsorgerliches. Er begehrte das heilige Abend=
mahl, und nachdem er ernste, herzliche Gespräche mit Spalatin
geführt, auch diesem und seinem rasch herbeigeholten ordent=
lichen Beichtvater, dem Pfarrer von Herzberg, gebeichtet
hatte, empfing er das Sakrament in der Frühe des folgenden
Tages unter beiderlei Gestalt mit solchem Ernst und Innig=
keit, daß die Anwesenden alle weinten. Als jene beiden ihn
verlassen hatten, bat er seine Kammerdiener um Verzeihung,
wo immer er einen von ihnen erzürnt hätte, wehrte ihnen
das Weinen und bat sie, seiner zu gedenken und Gott für
ihn zu bitten. Von einer letzten Oelung, wie sie im Katholi=
zismus gefordert wird, war bei ihm nicht mehr die Rede.
Spalatin schrieb für ihn in der Nacht mehrere Blätter voll
Trostsprüche aus Gottes Wort nieder. Er las diese den
Tag über selbst noch und ließ weiteres sich vorlesen. Zwischen
4 und 5 Uhr abends, am 5. Mai, verschied er ganz sanft
wie in einem Schlaf. Der Arzt sagte: „Er ist ein Kind des

Friedens gewesen, darum ist er im Frieden verschieden".
Noch wenige Stunden vorher gedachte er, wie Spalatin
erzählt, Luthers zum Besten. Man hatte noch nach diesem
geschickt: jetzt hätte ja Friedrich sicherlich auch noch des
persönlichen Zusammenseins mit ihm sich gefreut. Aber
Luther war ins Mansfeldische verreist, um dort womöglich noch christlich auf die aufständigen Bauern zu
wirken.

Auf die Nachricht hin rief Luther gegen Spalatin
aus: „O bitterer Tod, bitter nicht sowohl für die Ster-
benden, als für die, welche sie im Leben zurücklassen". In
einem Trostbrief an Johann Friedrich, den Neffen des
Verstorbenen, sagt er: „Zwar ein solcher Tod dieses Fürsten
ist fast an ihm selbst träglich seinethalben, denn sichs an-
siehet, als habe ihn Gott weggezucket wie den König Josia
(2. Kön. 22 f.), daß er solches Uebel in der Welt nicht sehe,
weil er sein Leben lang ein friedsam, still, ruhig Regiment
geführet hat, daß er billig Friedrich geheißen und seinen
Namen mit der That beweiset hat, — aber doch ist uns
Leid und Wehe geschehen, welches Gott durch seine Gnade
und Wort reichlich wolle erstatten".

Am 11. Mai wurde Friedrichs Leichnam bestattet in
seiner Wittenberger Schloßkirche: in dem jetzt ganz evan-
gelisch gewordenen Gotteshaus, ohne all die vormals üblichen
Gebräuche, mit christlichen Gesängen und mit Gottes Wort.
Luther predigte bei der Beerdigung und am vorangehenden
Tag. Mit großer innerer Bewegung sprach er über das
Abscheiden Friedrichs wieder im gleichen Sinn, wie in jenen

14

Briefen. Ueber die Tugenden des Verstorbenen redete er, der weder Toten noch Lebenden je schmeichelte, so warm, wie wir ihn kaum je sonst einen Menschen rühmen hören: „sie sind nun eingezogen in Gott, der sie ihm gegeben hat, und feiern bis an jüngsten Tag; da werden wir sie heller und klarer sehen denn vorhin, was für eine Vernunft, Verstand, Weisheit und Stärke in ihm gewesen ist, durch welche uns Gott vordem gedient hat". Melanchthon hielt als Vertreter der Universität eine lateinische Leichenrede. Er sucht darin den ganzen Fürsten und Mann zu charakterisieren, und zwar nicht mit der bei den Humanisten beliebten überschwänglichen Rhetorik, sondern in lauterer und wohlüberlegter dankbarer Anerkennung. In dem glühenden Eifer Friedrichs um die echte religiöse Wahrheit sieht er eine große Kraft des Geistes und etwas Heroisches; zugleich hebt er hervor, wie derselbe alle müßigen Disputationen abgewiesen und nur auf das wahrhaft Erbauliche und auf wirkliche Frömmigkeit gedrungen habe. Er rühmt seine Weisheit, Gerechtigkeit, Friedfertigkeit im Regiment und weist namentlich auf das allgemeine Vertrauen hin, das er deshalb bei seinen Unterthanen gefunden. Neben den Verdiensten dieses Maecenas um die Universität vergißt er auch nicht die Fürsorge des Fürsten für die Erziehung überhaupt, ferner für Ackerbau, Handel und Gewerbe. Durch alle die Reden klingt die Mahnung zum Danke gegen Gott durch, der einen solchen Fürsten geschenkt habe.

Zwei Jahre nachher erhielt der Verstorbene in seiner Schloßkirche ein sehr würdiges Monument mit seinem

Standbild aus der Hand Peter Vischers, des Meisters im
Erzguß, eingefügt in der nördlichen Mauer, rechts vom
Altare. Gegenüber ist nachher seinem Bruder und würdigen
Nachfolger Johann ein Denkmal errichtet worden. Ueber
Friedrichs Denkmal stehen hoch und groß die Worte: Verbum
Domini manet in aeternum.

Man hat Friedrich wohl als den ersten Fürsten der
deutschen Reformation in dem Sinne, daß er selbst zu
reformieren begonnen hätte, gerühmt oder auch gescholten.
So haben wir ihn nicht kennen gelernt. Er hat gerade
darauf verzichtet, selbst zu reformieren. Aber wir haben
ihm Größeres zu verdanken. Während er zur eigenen
evangelischen Ueberzeugung erst allmählich gelangte und
dann gegenüber allen den Aufforderungen, vermöge der
fürstlichen Gewalt zu reformieren, sich durch das bestehende
Recht gebunden fand, hat er das evangelische Wort ge=
schirmt, daß es mit der eigenen Kraft an die Geister und
Herzen dringen, den Sieg erringen und so auch zu äußeren
Reformen führen konnte; und er hat selbst von diesem Worte
sich innerlich überwinden, weiter fördern und stärken lassen.
Wir können nicht sagen, wie er zu jenen Bedürfnissen, die
dann doch irgend ein Eingreifen des obrigkeitlichen Armes
forderten, bei längerem Leben sich gestellt und ob er etwa
auch dann, im Unterschied von andern Fürsten, die Freiheit
des Wortes und religiösen Geistes überhaupt durch Duldung

verschiedener Glaubensbekenntnisse und durch eine angemessene
evangelische Gemeindeordnung zu wahren versucht hätte.
Aber sein und seines Luthers Zeugnis davon, daß schließlich
alle Macht nur im Wort und seiner Geisteskraft liege,
gilt, was auch die Verhältnisse fordern mögen, doch für
alle Zeiten. Nicht bloß für sein vergangenes Wirken,
sondern auch für diese Mahnung an die Gegenwart und
Zukunft haben wir Friedrich dem Weisen zu danken.

Aus Friedrichs Schloßkirche zu Wittenberg sind diejenigen Schätze, die ihm vormals besonders wert waren,
spurlos verschwunden: die Reliquien samt den dazu gehörigen
kostbaren und kunstreichen Gefäßen. Die Kirche selbst hat
später unter Kriegsstürmen, die unser geteiltes deutsches
Vaterland heimsuchten, schwer mit leiden müssen: sie geriet
bei einer Belagerung im siebenjährigen Krieg 1760 in Flammen,
1813 wurde sie für die kriegerischen Zwecke des napoleo-
nischen Heeres verwendet, ihr Turm in Brand geschossen.
Nur in der einfachsten Weise wurde sie damals wiederher-
gestellt. Jetzt steht sie vor uns in neuem, hehrem Schmucke
wie nie zuvor. Wo einst die leiblichen Reste und Restchen
der Heiligen viele Tausende herbeizogen, um bei diesen Helfern
himmlische Gnade zu suchen, da reiht sich jetzt an Kurfürst
Friedrich der Kreis der reformatorischen Zeugen, die durchs
reine evangelische Wort zum Gott aller Gnade und Einen
Heilande Christus riefen. Da grüßen uns die Abzeichen der
Fürsten, Herrn und Städte, die mit ihnen zu diesem Worte
sich bekannten. Da soll auf der Ruhestatt jener Toten,
Luthers, Melanchthons und der beiden Kurfürsten, das

Evangelium, in welchem jene das Leben fanden, auch uns
als Wort des Lebens erschallen.

Zu einem solchen Denkmal einziger Art ist dieses Gotteshaus für uns geworden auf das Geheiß des ersten evangelischen deutschen Kaisers, des Hauptes eines neuen deutschen
Reiches, wo die alte, schon von Friedrich beklagte, innere
nationale Zerrissenheit und Schwäche durch Gottes Lenkung
überwunden sein, wo jenes Wort und jener Geist freie Bahn
haben, wo eben deshalb auch ein christliches Bekenntnis mit
dem andern in Freiheit zusammenbestehen soll. Der deutsche
Königssohn und nachmalige Kaiser Friedrich hat den Bau
und seine bedeutungsvolle Ausstattung in warmer Liebe zu
Luther und edlem Kunstsinn gepflegt und mit eigenem Rate
gefördert. In Einem Geist und Bekenntnis mit Seinen
hohen Vätern hat Kaiser Wilhelm II. das Werk auf-
genommen und vollendet. Er ruft herbei zur Eröffnung
und Weihe seiner Schloßkirche auf den Tag von Luthers
Thesenanschlag, auf den Festtag der Reformation.

Eine Kirche, die fürstliche Schloßkirche zu Torgau, hatte
einst auch Luther (im Jahr 1544) zu weihen. Da sprach
er denn zur ganzen Versammlung: „dies Weihen gebühret
nicht allein mir, sondern ihr sollt auch an den Sprengel
und das Rauchfaß greifen". Und er erklärt den Sprengel
und das Sprengen des Weihwassers: „wir wollen anfahen,
Gottes Wort zu hören und zu handeln". Er mahnt nach
der Predigt ans Rauchfaß: „greifet mit mir ans Rauchfaß,
das ist zum Gebet, und laßt uns Gott anrufen für seine
heilige Kirche, — für alle Regimente und Frieden in deutschen

Landen, — für alle Stände, hohe und niedere, — daß sie alle Gottes Wort ehren, Gott dafür danken, ihrem Amte wohl vorstehen, treu und gehorsam seien, gegen den Nächsten christliche Liebe erzeigen".

So wird der Ruf zu unserer Feier ein Ruf, mit zu bekennen und mit zu weihen. Gott segne uns hiezu unsern 31. Oktober!

Inhalt.

	Seite
Eingang: Die Stiftung Herzog Rudolfs	4
Friedrich der Weise mit seiner Schloßkirche vor Luthers Auftreten	8
Friedrich der Weise mit seiner Schloßkirche und Luther der Reformator.	
1. Vom Thesenanschlag bis zum Wormser Reichstag	27
2. Von Luthers Wartburgaufenthalt bis zur Wandlung in der Schloß- kirche und zu Friedrichs Heimgang	72